# BELLOCQ

## NOTICE HISTORIQUE

## ET RELIGIEUSE

### Par M. F. LAURENS

CURÉ DE BELLOCQ

PAU

IMPRIMERIE CATHOLIQUE. — G. LESCHER-MOUTOUÉ, IMPRIMEUR

—

1900

# BELLOCQ

## NOTICE HISTORIQUE

## ET RELIGIEUSE

### Par M. F. LAURENS

CURÉ DE BELLOCQ

PAU

IMPRIMERIE VIGNANCOUR — H. MAURIN, IMPRIMEUR

1899

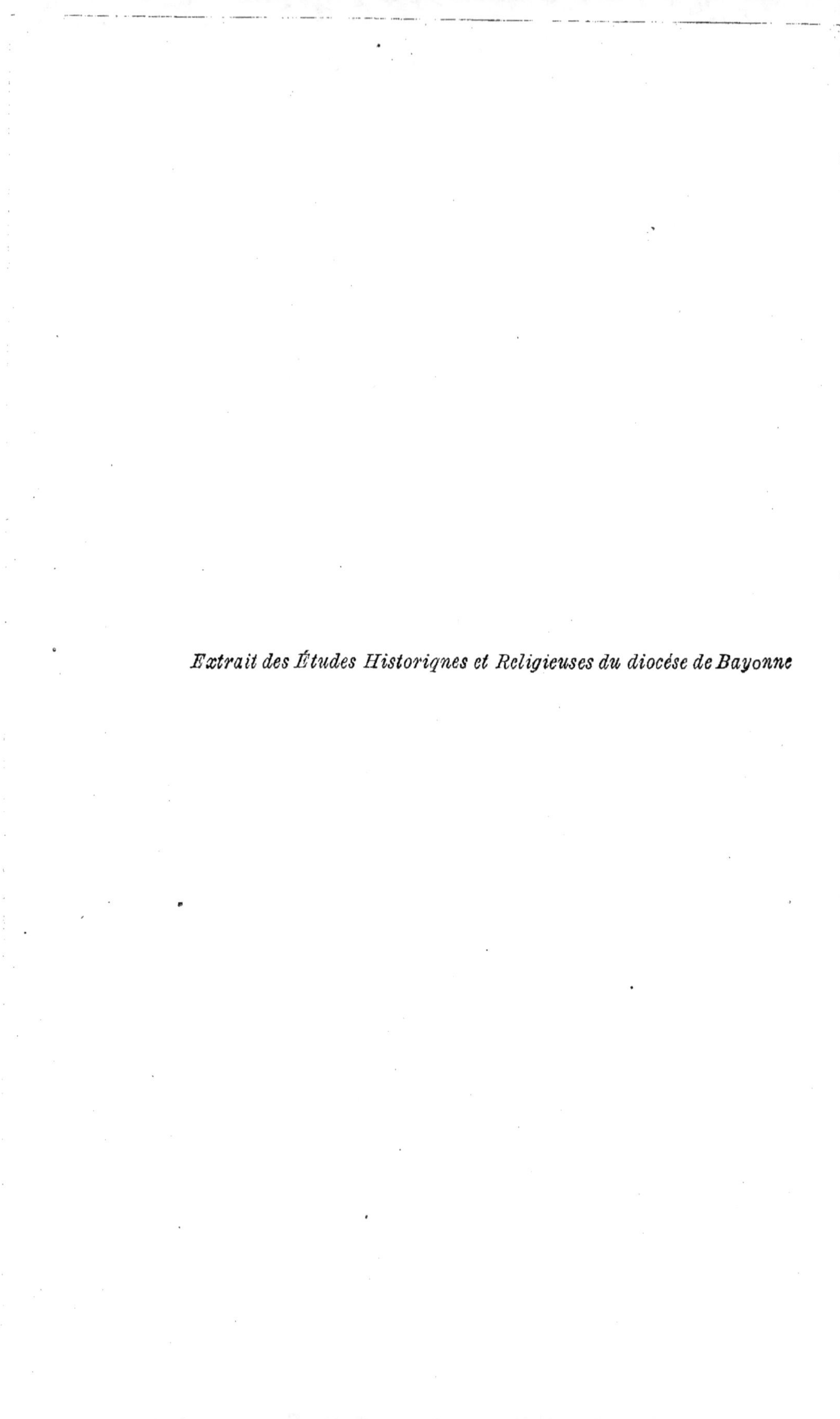

*Extrait des Études Historiqnes et Religieuses du diocése de Bayonne*

## TOPOGRAPHIE — PRODUCTIONS — NOMS DIVERS

———

Le gave de Pau, resserré à Orthez et à Bérenx, entre des rochers abrupts, d'aspect sauvage, reprend vers Bellocq sa largeur naturelle, sans rien perdre de sa force ni de la rapidité extraordinaire de son cours. En se déplaçant parfois à droite, à gauche, au hasard des poussées plus vigoureuses qu'amènent les inondations, ou par le fait des obstacles dressés sur ses bords, en creusant dans son lit de plus en plus profond, il nous révèle ce qu'il a opéré de changements dans le sol voisin, à des époques diverses, plus ou moins éloignées de nous. Evidemment le bas-Bellocq est l'œuvre de ses eaux capricieuses; les plates-formes étagées, les beaux talus arrondis qui donnent à cette commune un coup d'œil gracieux, la plaine qui s'élargit vers Abet et Lahontan, sont le résultat des coupures du torrent et ses alluvions.

Aujourd'hui encore il n'est bien contenu que là où s'élève la « vieille ville » qui fut « la bastide nouvelle de la paroisse de Salies » au xiii^me siècle. — bastida nueve en la parropia de Salies (1) —

(1) *Voir le Dictionnaire topographique* de P. Raymond.

car il y trouve le roc, surtout à la base du château. En amont et en aval de ce roc, les eaux minent sans cesse, trop souvent elles emportent de la terre et des galets et c'est à grand'peine qu'on peut arrêter quelque peu leurs ravages.

Les maisons de Bellocq sont presque entièrement groupées, à côté du château, sur la rive gauche, non loin de cette chaîne de côteaux si élevés, qui s'étend pour ainsi dire en ligne droite, par Jurançon et Monein, de Nay à Bayonne, et qui semble constituer une parallèle de contre-forts à nos massifs pyrénéens. C'est généralement une terre fertile, propre à toute sorte de cultures, plus particulièrement à la vigne qui y trouve pour ses fruits des éléments de qualité supérieure. La terre de Bellocq doit la supériorité de ses vins, aux divers calcaires qui y sont mêlés dans de larges proportions.

Ce ne sont pas seulement de petits blocs de pierre qu'on remarque çà et là, et qui, même en plaine, font grincer par moments le soc de la charrue ; vous voyez aussi d'énormes bancs de roche, mis à découvert par l'écoulement des eaux pluviales, dans les vieux chemins de la campagne, et que le forage des puits a rendu plus apparents dans la ville.

Ces calcaires sont variés de composition, de couleur, de forme et de dureté plus ou moins résistante. Les pierres sont blanches, noirâtres, bleues, rousses. Ce sont des couches verticales, comme des feuillets juxtaposés, de l'ordre jurassique. Bellocq ne peut pas fournir la pierre de taille, mais seulement des moëllons pour les constructions solides. Le crétacé supérieur ou pierre de chaux, y abonde. On y trouve la marne, tantôt rousse, tantôt d'un noir bleuâtre, celle-ci pierreuse qui s'effrite et se pulvérise au contact de l'air et de la chaleur. On y trouve aussi le silex ou pierre à feu: la terre qui le contient est appelée *terra bioua*. Toutes ces pierres molles, en se désagrégeant, forment les engrais les plus favorables à la production des vignes, mais le meilleur vin arrive dans les terrains marneux.

Les vignobles qui couvrent la plus grande partie du territoire de Bellocq, en augmentent aussi l'agrément. A cet attrait venait autrefois se joindre celui de la pêche, surtout la pêche du saumon, aujourd'hui abandonnée. C'est encore à Bellocq que le Gave commence à être flottable ; avant les faciles transports à vapeur, on y embarquait sur des radeaux les grandes pièces de bois destinées à la marine. (1).

Cependant le plus vif attrait pour le touriste amateur de fines et savantes émotions, n'est pas dans la nature privilégiée et les sites charmants de ce lieu de plaisance, si justement apprécié autrefois par la cour de Béarn. Un paysage et de riches moissons, ce n'est pas chose si rare dans nos Pyrénées. Ce qui frappe surtout en arrivant à Bellocq, c'est cette multiplicité de tours féodales, qui étalent tristement au-dessus des maisons, leurs pierres dénudées, disjointes... ce sont les murs d'enceinte du château, qui portent les injures du temps, et les traces douloureuses des guerres de religion; même ces larges rues tracées avec une souveraine intelligence, parallèles et coupées à angle droit, le long desquelles on admire, çà et là, de vieilles et nobles constructions, restes remarquables d'une splendeur disparue, qui dans leur irrégularité et leur simplicité, sont loin de déparer les maisons plus élégantes du genre moderne. Si vous ajoutez que l'église elle-même, malgré ses transformations récentes, garde encore dans son clocher massif, armé de meurtrières, et dans son portail gothique, orné de sculptures d'un autre âge, un cachet historique très acentué, vous comprendrez le vif intérêt qui s'attache à Bellocq et qui lui attire de nombreux visiteurs.

La vieille ville abandonnée des familles les plus distinguées qui firent sa gloire, dépouillée de ses privilèges anciens, et tombée au rang de simple commune rurale, reçoit en effet, depuis quelques années, un peu plus de vie de Puyoo et de Salies. Au lieu du pas sonore et du cliquetis des vieux guerriers, elle entend à toute heure les cris stridents des monstres à feu, qui près d'elle, emportent les foules sur les voies ferrées; et le high-life bourgeois, s'arrêtant chez elle par curiosité, remplace les courtisans des princes béarnais, empressés autrefois à venir les saluer durant le cours de leur villégiature.

Le nom même de Bellocq, proclame la raison de son importance dans le passé. Il est orthographié de deux et même trois manières dans les vieux manuscrits : *Betloc*, *Belloc*, *Begloc*. Aujourd'hui on prononce Belloc, en français, mais en béarnais on dit simultané-

(1) Notice sur le baron de Lahontan.

ment Belloc et Bayloc. — Beitloc. — La signification est toujours
la même : beau lieu, *pulcher locus.*

Certainement la beauté du site de Bellocq fut connue des Romains,
qui en firent une de leurs stations militaires, et plus tard des Maures, qui ont laissé des traces de leur séjour dans deux quartiers de
la plaine, au pied du Castera, qu'on appelle encore *Lamourère.* Non
loin d'eux, le quartier de Sempé, témoigne aussi par son nom —
Sempé, c'est Saint Pierre — que là était probablement une des
premières églises du pays, celle que les cartulaires de Sordes,
appellent : Sanctus Petrus de Faschenx (1). Toutefois le quartier
de *Haschenx* comme on dit encore, est à mille mètres environ de
*Sempé,* et de l'autre côté de la route qui va vers Lahontan, entre
le champ de Pouyane-Lacazette (2) et l'église d'Abet. Les familles
disséminées autrefois dans cette étendue de plaine, se sont
déplacées selon le temps et les circonstance, les unes allant grossir
le bourg de Lahontan, et les autres former la ville de Bellocq, qui
comptait soixante-neuf feux au quatorzième siècle.

Au pittoresque de la ville de Bellocq, relevé singulièrement par
le cours sinueux du Gave et les nuances variées de ses reflets
lumineux, au spectacle reposant de cette plaine très fertile, s'a-
joutent, pour compléter le charme, non seulement Puyoo et
Ramous, sur la rive droite, mais encore les ondulations de terrain
en pente douce qui vont se souder à la chaîne voisine. Trois de
ces côteaux enfermés dans un fer à cheval de crête surélevée, tel
est le haut-Bellocq. On y voit des croupes assez régulières et de
culture facile, comme celle de Galet, presque toujours bien
exposées au soleil et protégées contre la violence des vents d'Ouest.
La moins remarquable n'est pas celle qui descend d'Alger, et
vient en courbe se perdre dans le quartier des fours à chaux. A
cet endroit une certaine étendue conserve le nom de Phébus. Ce
prince y aurait-il possédé une villa? Ce qui paraît certain, c'est

(1) Voir le cartulaire de Sordes commenté par P. Raymond.
Une tradition peu fondée, attribue ce nom, au fait que les Maures
y auraient été *hachés...* Il semble plus probable, que des Arabes ont
habité là; Haschenx en effet, dénote une origine sémitique.

(2) Ce champ et les voisins, sont aussi appelés la *termière,* parce
que longtemps ils marquèrent de ce côté, la frontière du Béarn et de
la France. La route qui traverse, de Bellocq à Lahontan, était autrefois appelée *lou cami deu Rey.*

que ces hauteurs étaient du domaine de Béarn (1). Aujourd'hui les vignobles, avec leur riante verdure, aux saisons chaudes, occupent à peu près seuls la place dans le haut-Bellocq, rejetant aux extrémités de la commune, comme les ombres d'un tableau, les quelques rares pièces de fougères, touyas et bois de chênes !

(1) Voici ce que dit M. Léon Cadier, dans la grande Encyclopédie, ou Inventaire raisonné des sciences, des lettres et des arts, par une société de savants et de gens de lettres, tome VI :

« Bellocq, Pulcher locus, XIIIe siècle : Bellocq ou Betloc est une commune du département des Basses-Pyrénées, arrondissement d'Orthez, sur la rive gauche du Gave de Pau, en face de Puyoo. Bellocq possède une des églises protestantes les plus importantes du Béarn... C'est une bastide construite au XIIIe siècle sur la paroisse de Salles-Mongiscard. En 1281, Gaston VIII, vicomte de Béarn, affranchit les habitants et leur concéda les privilèges du for de Morlaas ; il leur céda tous les *droits féodaux* et rentes qu'il percevait sur leur territoire, moyennant une redevance annuelle ou *fiu* déterminé. Bellocq. qui, était situé sur les confins du Béarn, devint, au moyen-âge une place importante, défendant, avec le château de Mongiscard, ou de St-Pic, le passage du Gave de Pau...

« Une forteresse ou château, construit dès le XIIIe siècle, devint au XIVe siècle, l'une des résidences royales. Le pont de Bellocq était un des principaux passages commerciaux au moyen-âge ; il fut détruit au milieu du XVe siècle, et remplacé pendant assez longtemps, par un bac ou passage. En 1385, Bellocq ressortissait au bailliage, de Ribère-Gave, et comptait 85 feux. C'était un des *loci*, ou localités, qui, parce qu'il était régi par le for de Morlaas, était représenté aux États-Généraux par un de ses Jurats. Au moyen-âge Bellocq était le siège d'une notairie et une dépendance du diocèse de Dax.

« Bellocq possède une église romane avec un curieux portail, et les ruines d'un château qui dominent le Gave de Pau... Les ruines se composent d'un donjon carré et d'une enceinte de murailles flanquées de six tours rondes, le tout assez mal entretenu. »

II


# BELLOCQ ET LES VESTIGES GALLO-ROMAINS

---

A l'ouest du bourg actuel de Bellocq, sur un mamelon ovale qui surplombe le village disparu de Sempé, se dressent bout à bout deux chaussées de fortifications, en forme ronde. Cette éminence de terrain est d'autant plus favorable à la défense, qu'elle ne peut être, sans de grands efforts, escaladée d'aucun côté. Au nord c'est la plaine, à l'ouest une gorge profonde, à l'est un vallon dont la montée contourne le fort sans atteindre de beaucoup à sa hauteur. Une ceinture de terre protège à la fois le fossé et les chaussées supérieures. Le vallum romain, très caractérisé par sa profondeur, offre encore cette particularité remarquable, qu'il forme exactement au tour des cercles pour ainsi dire contingents de chaussées, un chiffre huit colossal, et fournit par là, dans ces plis réguliers de terrain, plus d'abri au campement militaire.

Ces éminences de terrain servaient également pour la télégraphie à signaux, déjà connue des Romains. On choisissait donc pour les approprier au campement, celles qui étaient en vue des *castra* voisins. En effet de cette hauteur de Bellocq on voit bien le *castra* de St-Boès à dix ou douze kilomètres.

La gorge étroite et profonde qui borne à l'ouest le pied de ce côteau, débouche dans la plaine derrière la maison Destandau, de son vieux nom Lavigalette.

De l'autre côté de cette gorge, sur un coteau aussi élevé, se trouve un autre *castra*. aussi difficilement abordable, si ce n'est par le midi, d'où l'on entre de plein pied, après avoir toutefois gravi le plateau voisin de Salies.

En descendant vers Lavigalette par ce couloir étroit, et au moment de sortir de ce site désert qui ne porte aucune trace d'habitation, aucun mur ancien ou nouveau, vous voyez s'élever à votre droite, sur une longueur de vingt ou trente mètres, comme une masse de remparts décrépits, aux couleurs noires, grises, roussâtres. Ce n'est pas de la pierre de taille, malgré quelques couches de bloc superposées, qui lui en donnent l'aspect à l'un des bouts, car les soudures verticales manquent ; mais volontiers vous reconnaîtriez à la suite, un vieux mur de défense composé de chistes et de galets de toute grandeur, liés avec le ciment connu de la chaux et du sable jaune. Quelques excavations, dont une très grande, semblent indiquer seulement les ruines inévitables des siècles jusque dans les corps les plus durs. C'est, en effet, un vrai mur, très résistant qui est devant vous, mais gardez-vous de croire qu'il a été fait de main d'homme : vous êtes en présence d'un phénomène géologique très remarquable.

A l'excavation principale, la tradition du pays donne le nom de grotte des fées — *la grotte de las hades*. — C'est en effet un abri laissé par la nature dans un vaste enrochement de terrain. Seulement la pierre a ceci de particulier, qu'au lieu d'être d'éléments et de composition homogène, comme les divers calcaires qui ne se mêlent pas entr'eux, elle offre aux regards un mélange disparate. Il n'y a de bien régulier que la ligne droite et la face verticale de ce mur naturel. En regardant de près, on voit que c'est l'humus, la terre ordinaire plus ou moins sablonneuse, qui a été durcie, pétrifiée, et que par cette transformation chimique, opérée sous l'influence de l'électricité qu'engendre la chute et le frottement des eaux, elle a constitué un corps dur, très résistant, avec les cailloux environnants qui sont de dimensions et de couleurs diverses.

Cet enrochement, à cause des matériaux mélangés qui le composent, est connu des naturalistes sous le nom de *pudding*, et comme c'est Palassou, le naturaliste béarnais, qui le premier a fait le classement de ces sortes d'accidents géologiques, on dit aussi *pudding de Palassou*.

Cette constatation est due aux membres de la Société de Borda, dans une visite qu'ils firent à Bellocq en 1887.

Comment ce mur naturel a-t-il été mis à nu ? Il semble que c'est en enlevant la terre qui le couvrait pour la faire servir aux fortifications. Peut-être l'a-t-on prise simplement pour les besoins de l'agriculture, et, les ouvriers laissant la pierre intacte, la tranchée verticale est apparue dans sa face naturelle, avec une grande ouverture vers des profondeurs inconnues, qui ont exercé l'imagination, si prompte à s'émouvoir des esprits simples. On a cru que c'était là, dans ce noir et mystérieux abîme, une demeure de génies plus ou moins malfaisants. C'est du moins ce qu'indique le nom qu'on lui donne et qu'il porte encore. Ce nom de *grotte des fées* est aujourd'hui l'unique souvenir qui reste de la vieille superstition, entièrement effacée par les idées chrétiennes. La voie souterraine elle-même est fermée par les éboulements; il n'y a plus qu'un faible abri, où l'on n'entre qu'en se baissant.

Bellocq semble avoir été habité avant l'arrivée des Romains. Le nom de Galet ne marquerait-il pas, dans ce quartier important, le souvenir de quelque tribu de Galls? Mais n'eût-il pas été occupé de bonne heure par des colons gaulois, qu'il aurait été peuplé facilement, par des Ibères émigrés d'Espagne, grâce au passage du col de Roncevaux. D'ailleurs, la terre de Bellocq est trop favorable à la culture, trop riche en herbages, pour qu'elle n'ait pas attiré au moins des tribus de pasteurs avant l'apparition des cultivateurs romains. Ceux-ci, une fois établis dans le pays, ne pouvaient manquer d'y former des groupes d'habitants, d'attirer de nouveaux colons, car ils connaissaient bien l'art d'exploiter le sol, notamment celui qui est favorable à la vigne. Outre Virgile, qui a traité de l'agriculture à la façon des poètes, les œuvres de Caton, de Columelle, de Palladius, et de Varron, montrent qu'ils étaient très forts, du moins dans la pratique, pour féconder la terre; et leurs procédés sont encore la plupart du temps, ceux que la science approuve, et auxquels on revient parfois après beaucoup de recherches et de tâtonnements. La terre propre à la vigne devait donc solliciter l'attention et le choix des conquérants de la Gaule : or la marne abonde au pied du *castra* de Bellocq (1).

Le Christianisme suivit de près dans ces contrées, la conquête romaine. Après la victoire de Crassus, lieutenant de César, aux environs de Sos (2), les Novempopulaniens coalisés firent un su-

(1) Voir « Voyage agricole chez les anciens, ou l'économie rurale dans l'antiquité par l'abbé Beauredon » Paris. A. Savaëte 1898.

(2) Elle arriva soixante ans environ avant Jésus-Christ. Sos, est aujourd'hui une commune de l'arrondissement de Condom.

prême effort pour sauver leur indépendance ; mais ce fut en vain, l'armée romaine les aborda dans les fortes positions (1) où ils s'étaient retranchés, les brisa dans un choc sanglant, et, sous le coup de la terreur, les obligea à implorer la paix. Parmi ces peuplades nombreuses, qui se soumirent alors à Rome, César cite en première ligne les Tarbelliens (2) qui habitaient entre Dax et Bayonne. Les Cantabres ou Basques, qui avaient combattu aussi contre les Romains, ne demandèrent pas grâce, mais se retirèrent dans leurs montagnes, qui furent longtemps un rempart inexpugnable de leur fière indépendance (3). N'est-ce pas contre un retour offensif des vaincus, que les Romains cherchaient à s'assurer, en élevant ces *castra* dont notre pays est couvert? Comme un poste avancé près des Basques, celui de Bellocq semble avoir eu principalement pour objet de les arrêter.

Le génie conquérant et colonisateur de Rome ne se bornait pas à élever çà et là des retranchements, il s'employait aussi à faire des routes, pour concentrer rapidement les forces militaires en cas d'attaque. Ces routes étaient faites de préférence sur les hauteurs, et ceux qui travaillaient à cette œuvre militaire, ne se doutaient pas que les apôtres de l'Evangile allaient bientôt les parcourir, et qu'ils étaient eux-mêmes les serviteurs de la divine Providence, pour une propagation plus rapide du règne de Jésus-Christ. Ils comprenaient moins encore, que dans les desseins du Dieu Tout-puissant, la Rome des Papes devait surpasser en gloire la Rome des empereurs, maîtres du monde.

(1) « Nous pensons, dit Cénac-Moncaut, que ce camp était situé dans la vallée du Gave, aujourd'hui commune de Labastide-Montréjeau, entre Lacq et Lescar, au dessus de Labastide-Cézéracq. On y remarque une enceinte de fossés et de remparts en terre, de 20 mètres de hauteur et de profondeur, formant une ellipse de 540 mètres de longueur, sur 210 de large. Il est évident que l'armée qui le construisit n'eut pas le temps de le terminer. Les épaulements du nord, du sud, et de l'ouest sont incomplets; on remarque à l'extérieur une retraite, d'où l'on ne put achever de retirer la terre nécessaire aux remparts, et qui présentait une retraite extrêmement favorable à l'escalade des fantassins et même des cavaliers ». (Histoire des peuples des Etats pyrénéens.)

(2) Dans cette liste ne figurent pas les Benarni. On peut en donner cette raison, que la bataille ayant eu lieu sur leur territoire, un acte de soumission de leur part était superflu. Le coup décisif avait porté sur eux; c'était leur écrasement qui décidait leurs voisins à demander grâce. (Cénac-Moncaut, *ibid.*)

(3) Horace dit : *Cantaber indomitus.* Ils furent battus parfois, mais amais domptés, grâce à ces forteresses naturelles.

Quand vous voyez des *castra*, vous trouvez toujours à côté la voie romaine — lou cami roumiu. — Celle de Bellocq, passant par derrière la maison Roquepine, après avoir traversé le Gave, arrive au quartier de Bareille où elle se partage. Un chemin tourne à droite, devant la maison Domercq Isaac pour aller vers Sordes (1) en suivant la crête régulière du coteau, et à Carresse, en descendant vers le midi; mais la voie romaine, plus importante, passe devant Lavie (2), et monte par le quartier de Larrat, vers le hameau de Salies, appelé Ribourdés, et ensuite dans la direction de Garrits et de l'Espagne. Derrière la maison Lollier, un autre chemin tourne à gauche vers Salies, mais il n'a pas des marques d'une haute antiquité, comme les deux autres qui sont d'une largeur raisonnable à certains endroits, conservant les lignes du tracé primitif dans les haies ou les terrassements qui les bordent, même lorsqu'ils ne sont plus pratiqués, ou qu'un chemin plus étroit et plus profond suffit au passage du char. Suivez le même chemin en sens inverse dans Puyoo, et vous trouverez d'abord le *castra* qui le surplombe au bord du gave, et ensuite, au haut du coteau, sa direction à droite vers le *castra* de St-Boës, et à gauche vers la Chalosse, plus à gauche vers Dax.

(1) Avant d'être le siège d'un monastère puissant, Sordes fut une villa romaine; on peut l'induire des beaux fragments de riches mosaïques, qu'on trouve encore dans la maison Dufaur. La mosaïque de l'église est aussi très remarquable. M. Palustre la classe également parmi les vestiges gallo-romains.

(2) Lavie est le nom même d'une voie romaine, en latin *via*.

## III

## ADMINISTRATION TEMPORELLE DE LA PAROISSE DE BEL-LOCQ DANS LES VIEUX TEMPS. LES DUCS DE GASCOGNE ET LES MOINES DE SORDES.

Le plus ancien document relatif à Bellocq n'est que du onzième siècle, mais il révéle des faits bien antérieurs de son histoire. C'est un passage du cartulaire de Sordes, reproduit par Marca, dont voici la traduction :

« *Le susdit comte Sanche vint de nouveau et donna l'église de Saint-Pierre de Faixens, avec ses revenus, à Dieu et à St-Jean de Sordes, et cela pour la rédemption de son âme et de celles de ses parents.* (1) » Ceci se passe en l'an 1010.

Par cette donation, les religieux de saint Benoît, ou bénédictins, deviennent maîtres des dîmes de Bellocq, et sauf l'interruption de la période protestante, ils devaient en jouir, pour une large part du moins, jusqu'à la Révolution française.

Le 28 février 1790, Ducassou, crieur public de la ville de Bellocq, certifie avoir publié et affiché, à l'issue de la messe paroissiale, la déclaration suivante :

« M. l'abbé de Sordes jouit dans la paroisse de Bellocq d'une « portion de dîme qui fait partie de la ferme générale de ladite

(1) Iterum venit supradictus comes Sancius, et dedit ecclesiam de sancto Petro de Faixens cum redditibus suis Deo et sancto Joanni de Sordue et hoc pro redemptione animæ suæ et omnium parentum suorum. — Voir le cartulaire de Sordes commenté par Paul Raymond.

« Abbaye, consentie à M. Loustau, par contrat de 1788. Signé :
« L'abbé Lallemand, procureur fondé de M. l'abbé de Sordes. (1) ».

On croit que le monastère de Sordes est dû à une pieuse fondation de Charlemagne. Il y avait des moines en France avant saint
Benoît. Deux mille d'entr'eux suivaient, en l'an 400, le convoi de
saint Martin. Mais le défaut d'organisation joint aux troubles
causés par l'invasion des barbares, fit tomber rapidement la vie
monastique. Pour la ressusciter en lui donnant des règles précises,
il fallait un législateur comme le saint solitaire et thaumaturge de
Subiaco, en Italie, qui, en ordonnant à ses disciples des travaux
permanents et variés, travaux des mains, lectures, enseignement
de la jeunesse en dehors des heures de prières canoniales, fit de
son Ordre, pendant une longue période de temps, un grand foyer
de civilisation, aussi bien que de science et de saintes mœurs. C'est
de ces moines bénédictins, multipliés rapidement en France aux
sixième et septième siècles, que les barbares apprirent à travailler la terre, et à adoucir leurs féroces instincts. Les princes
chrétiens secondèrent de leur mieux, par de riches dotations, cette
œuvre si importante de l'instruction et de la civilisation nationale.
Les écoles monastiques avaient acquis un tel renom, que Charlemagne ordonna qu'il y en aurait une auprès de toutes les cathé-
drales de l'empire et de tous les monastères.

Ce pays de Gascogne ne fut pas des derniers à recevoir les
bienfaits de ces hommes voués à la perfection des conseils évan-
géliques. De bonne heure, l'Evêque de Dax eut pour collaborateurs
ces moines bénédictins, établis près du tombeau de Saint Vincent
de Xaintes, et dans tant d'autres lieux privilégiés. La donation
des dîmes de Saint-Pierre de Faixens, par Sanche, duc de Gascogne,
devait donc augmenter la puissance bienfaisante de ces moines,
car nous verrons à quoi était destiné l'excédent de ce revenu
ecclésiastique, la subsistance des religieux une fois assurée. L'intérêt public de ces fondations n'empêchait pas d'avoir en vue les
avantages privés ; comme on voit dans la transmission des dîmes
de Bellocq, elles avaient généralement pour but la rémission des
péchés du fondateur, et de ceux de ses parents.

Il semble bien que la nouvelle ligne frontière qui, au xi⁰ siècle,
fut tracée entre Bellocq et Lahontan, mettant *Senpé* en Béarn et

(1) Archives municipales de Bellocq.

le quartier de Faixens, ou Hachens, en Guienne, partagea aussi le domaine des dîmes donné à Sordes par le duc Sanche. Le cahier du cellerier de Sordes pour l'année 1790 (1) note aussi les redevances des fermiers de Lahontan. D'autre part, la *nouvelle Bastide* de Bellocq ayant été construite près de *Senpé de Faixens*, mais sur le territoire de la paroisse de Salies, il est à croire que tous les champs de Bellocq ne relevaient pas des moines bénédictins. Ce qu'il y a de certain, c'est que la masse des revenus de la dîme, y était partagé, dans le dernier siècle, entre le monastère de Sordes, l'évêque de Dax et le curé (2).

On désire naturellement savoir comment le duc de Gascogne, un laïque, put ainsi disposer d'un revenu de l'Eglise, et comment il en était devenu le maître. Mais d'abord, disons quelle fut l'origine, bien antérieure, de cette forme d'impôt, qui a excité tant de critiques et de récriminations le plus souvent injustes, parce qu'on ne sait pas généralement combien elle a été nécessaire et légitime, avant la vulgarisation de la monnaie et des moyens de transactions commerciales.

La dîme se trouve chez tous les anciens peuples, comme coutume religieuse, comme tribut payé à la divinité, ou à ses représentants, rois ou prêtres. Longtemps avant Moïse, elle était en usage chez les Hébreux. « Je vous offrirai, Seigneur, dit Jacob, la dîme de tout ce que vous m'aurez donné » (Genes. XXVIII, 22). Il est également dit qu'Abraham offrit à Melchisedech la dîme de tout le butin qu'il avait pris sur l'ennemi. D'après les prescriptions de la loi de Moïse, il fallait donner la dîme, ou dixième partie des grains de la terre, des fruits des arbres, des premiers-nés des bœufs et des brebis. La dîme appartenait à *Jéhova*, le vrai propriétaire du pays ; mais Jehova donna en possession, aux enfants de Lévi, pour les services qu'ils rendaient dans le ministère du *Tabernacle de l'alliance*, toutes les dîmes d'Israël.

Les empereurs chrétiens de Rome, à partir de Constantin qui fut converti au christianisme en l'an 312, accordèrent assez souvent à des églises le droit de retirer la dixième partie des produits naturels de certains fonds de terre, comme droits du Seigneur. De même, les rois francs; mais ce droit, il fut une époque où l'Eglise

(1) Archives des Landes. H. 131.

(2) Voir aux archives communales de Bellocq.

put l'exercer librement, en vertu de son autorité divine, souveraine
et indépendante du consentement des princes. Sur les ruines de
l'ancien monde romain, brisé par les barbares qui envahirent successivement la Gaule, dès la fin du xv<sup>e</sup> siècle, elle apparut un
temps, seule debout, avec une puissance morale étonnante, auprès
de laquelle, grands et petits, étaient heureux de trouver un refuge
contre les violences et les exactions des nouveaux maîtres.

Cette force, comme toujours, avait ses racines dans la conscience chrétienne et dans le sentiment profond du devoir d'obéir
à ses décrets. Dans les conciles provinciaux, les évêques firent de
sages règlements, pour assurer la subsistance des prêtres, restaurer et construire des églises, et soulager les pauvres. De là l'impôt
de la dîme. A cause de cette origine ecclésiastique, et des fins
sacrées qui justifiaient son institution, la dîme était considérée
comme une dette de droit divin. Elle était payée sans regret, parce
qu'elle alimentait les divers services religieux et même beaucoup
de services civils et politiques, surtout au milieu des troubles et
des ruines causés par les guerres fréquentes. Grâce aux clercs, les
peuples vivaient encore dans un ordre et une tranquillité relatives,
et la reconnaissance les rendait plus soumis à l'Eglise. Par cette
puissante organisation, les barbares eux-mêmes étaient attirés au
christianisme, convertis, civilisés, en sorte que le protestant Gibbons
a pu dire avec vérité : « Les évêques ont fait la France, comme les
abeilles font leur ruche. »

En même temps que la dîme, l'Eglise recevait des fondations ou
*prébendes*. C'étaient des terres ou des maisons, qu'on lui donnait en
toute propriété, sous certaines conditions, et en échange des prières
de ses ministres, comme de célébrer des messes pour le donateur
et ses parents. Ces divers revenus avaient, dès les temps mérovin-
giens, créé dans l'Eglise une nouvelle puissance, celle de la fortune,
dont elle usait pour propager le règne de Dieu. Mais vers la fin du
viii<sup>e</sup> siècle, la France est envahie par de nouveaux barbares, les
infidèles sectateurs de Mahomet, de nation arabe et africaine, qui
débouchent d'Espagne par les passages des Pyrénées, avec des
troupes formidables. Charles Martel les écrase à Poitiers, Pépin le
Bref et Charlemagne les refoulent en Espagne. Les populations
pyrénéennes se distinguent particulièrement, dans ces efforts hé-
roïques pour sauver le pays et la civilisation, en envoyant des
subsides et des guerriers à l'armée chrétienne. Ce fut aussi leur

gloire de faire un grand carnage de Maures et de leur porter le coup fatal en deçà des Pyrénées, dans la plaine d'Ossun en Bigorre, appelée encore aujourd'hui *Lane Mourine*.

C'est un prêtre, nommé Misselin, qui conduisit alors les chrétiens à la victoire sur les ennemis de leur foi, et la reconnaissance légitime de l'Eglise envers les soldats de ces guerres à la fois religieuses et patriotiques, nous aidera à expliquer l'institution des abbés laïques, qu'on voit apparaître à cette époque dans l'histoire de Gascogne. Abbayes, églises, dîmes ecclésiastiques, droit de présentation aux cures, et même droit d'une part aux oblations, deviennent dans ce pays la propriété et le privilège des seigneurs qui ont combattu vaillamment contre les Maures, et qui bientôt devront retourner leurs armes contre les Normands, et les porter jusque dans l'Orient pour attaquer Mahomet dans le cœur de sa puissance.

L'origine de la propriété des laïques dans le domaine de l'Eglise est diversement racontée par les historiens, et elle put en effet s'établir soit par la violence, soit par cession amiable du clergé, suivant les cas. Voici ce qu'en dit Faget de Baure, et après lui, M. l'abbé Menjoulet :

« Charles Martel s'était emparé des richesses de l'Eglise pour supporter les frais de la guerre contre les Sarrasins, ennemis de la foi chrétienne. Evêchés, abbayes, fondations de messes, tout fut converti en fiefs et transmis à des gentilshommes, sous la redevance du service militaire. Les églises devinrent des propriétés séculières, et l'on vit des cures servir de dot à de jeunes personnes. Le clergé demeura dépouillé, mais Pépin fit décréter en sa faveur, par le Concile de *Leptines*, que les possesseurs des biens ecclésiastiques, lui donneraient la dîme de leurs fonds, et douze deniers pour chaque maison. Ils furent encore assujettis à la réparation des évêchés, des monastères et des presbytères. Malgré ce règlement, le clergé demeurait dans la gêne.

« Charlemagne, jugeant qu'il importait à l'Etat de ne pas laisser la religion s'éteindre faute de prêtres et d'églises, rendit au clergé une partie des dîmes. La masse de ce revenu devait être partagé en quatre parties égales : 1° pour la fabrique ; 2° pour les pauvres ; 3° pour l'évêque ; 4° pour les clercs. Ce monarque n'obtint rien, le peuple rejeta ce nouvel impôt. Cependant, grâce à un réveil de la foi, le peuple accorda tout. Le clergé devint riche encore une fois.

Alors les Normands arrivèrent affamés de butin ; les abbayes surtout tentaient leur avidité ; ils s'attachaient à piller les églises, ils persécutaient avec acharnement les prêtres et les moines. Le clergé dut alors périr ou se disperser, et les dîmes demeurées sans maîtres, les seigneurs se les approprièrent comme des biens vacants qui servirent à former de nouveaux fiefs. Telle fut la révolution que la propriété des dîmes subit en Béarn.

« Créées pour l'Eglise, elles passèrent de ses mains dans celles des laïques, de sorte qu'au commencement du X⁰ siècle, le clergé béarnais ne possédait rien. Les évêques obtinrent alors une légère redevance. Le propriétaire laïc des dîmes fut obligé de payer à l'Eglise la dîme des fonds qu'il avait usurpés sur elle. Enfin, le Concile de Latran, tenu en 1179, défendit aux laïcs de transmettre les dîmes aux laïcs. De là vint l'usage d'offrir aux évêques et aux curés, la préférence pour les dîmes que l'on voulait vendre. Mais les souverains de Béarn levèrent ces obstacles mis à la vente des dîmes en permettant aux propriétaires de les aliéner librement, sans être tenus de les offrir aux ecclésiastiques. Une partie de ces dîmes revint, par de pieuses libéralités, entre les mains du clergé. »

Marca est d'un avis qui diffère un peu du précédent. Il dit en effet :

« Quant à l'origine des dismes inféodées que la noblesse possède « en Béarn, en Navarre, et en plusieurs autres endroits de Gas- « cogne, elle ne procède pas d'une usurpation confirmée et auto- « risée par le temps, comme l'on prétend ordinairement, mais c'est « un establissement légitime, fait, à mon avis, dès le temps de « Charlemagne ou de son fils Louis le Débonnaire. Car ce qu'on « allègue communément que Charles Martel fut le premier qui « distribua le bien de l'Eglise à ceux qui le servaient aux guerres, « est aussi certain (ainsi que l'asseurent les évêques des provinces « de Reims et de Rouen, en leur cayer présenté à Louis de Germa- « nie , l'an 858) comme leur relation est fabuleuse en ce qui re- « garde la damnation de ce Prince, manifestée par vision à « l'évêque d'Orléans Euchérius, qui estoit néanmoins décédé « quelques années avantCharles Martel, ainsi que le cardinal Ba- « ronius et le Père Sirmond ont vérifié. »

« Mais d'autant que le Clergé de France se plaignait de ces alié- « nations, il y eut une assemblée à Liptines en Cambrésis, où l'on « commença de donner quelque règlement à cette matière. La « convocation en fut faite par le prince Carloman, l'an 743, où

« assista Boniface, archevêque de Mayence, légat du Pape. Il fut
« arresté qu'en considération des guerres que ce prince avait sur
« les bras contre les peuples infidèles ses voisins, il retiendrait pour
« un certain temps une partie des biens ecclésiastiques à titre de
« précaire, et sous le cens et redevance annuelle d'un sol ou douze
« deniers, pour chaque maison de tenancier, payable à l'église ou
« au monastère dont ces biens dépendaient ; en sorte que si le pos-
« sesseur investi de ces biens venait à décéder, l'église en fut
« ressaisie ; que si la nécessité continuait, ou que le prince l'ordon-
« nast, le précaire serait continuel et renouvelé. Et surtout que
« l'on prendrait garde que les églises ne souffrissent point, et que
« l'on leur rendist tout entière la possession, en cas qu'elles fus-
« sent dans la pauvreté. Ce canon est expliqué par le docteur
« Filézac, d'un prest de deniers, qu'il prétend que le clergé fit à
« Carloman, pour la subvention de la guerre...
« La response de l'an 745, du pape Zacharie, à la relation que lui
« fit Boniface, de ce qui avait esté arrêté en ce Synode, tesmoigne
« assez qu'il s'agissait de la restitution des biens de l'Eglise ; pour
« raison desquels il n'avait peu obtenir que douze deniers pour
« chascune des familles de serfs ou de païsans dont le village serait
« composé, *pro unâquaque casata*. Ce que le pape agrée et loue
« Dieu d'avoir obtenu cette récompense, en une saison si enve-
« loppée des guerres des Sarrazins, des Saxons et des Frisons.
« Dans cette ordonnance, on fait glisser un terme qui semble
« donner au clergé quelque espérance de restitution, sçavoir que
« par le décès de la personne investie du bien ecclésiastique,
« l'Eglise sera ressaisie. Mais ce ne sont que des paroles sans effet.
« Car une autre clause suit immédiatement, qui porte que si la
« nécessité presse, ou que le prince le commande, le mesme bien
« peut estre baillé à nouveau fief, et le contrat de précaire continue.
« De sorte que les rois de France sont confirmés par ce canon de
« l'Eglise gallicane et par la Response du Pape, au droit de conti-
« nuer aux gentilshommes les investitures des biens ecclésias-
« tiques, qui avaient esté déjà faites tout autant qu'il leur plaira. »

Ainsi l'on peut voir à quel titre les dîmes de Bellocq ou de Saint-
Pierre de Faixens se trouvaient au onzième siècle, époque de la
donation au monastère de Sordes, entre les mains du duc de Gascogne, Guillaume Sanche (1010).

Ce prince illustre était, d'après Marca, d'origine Vasco-Navar-

raise, de la famille de ce comte Azenarius ou Aznar, qui, envoyé
en Espagne par Louis, duc d'Aquitaine pour combattre les Sarrasins, avait été battu par la trahison de ses compatriotes, qui ne
voulaient pas le voir au service de la France, mais sauvé par eux
de la captivité (1). La Gascogne où il régnait en souverain, était
comprise entre les Pyrénées et la Garonne. On distinguait d'abord
le duché de Gascogne, qui avait eu Eauze et ensuite Bazas pour
capitale de la Novempopulanie (2), et le comté particulier de Gascogne, qui avait dans ses sphères Oloron, Béarn, Aire, Dax et
Bayonne, avec les montagnes de Soule et de Labourd. L'invasion
d'un nouveau peuple barbare, livré encore aux superstitions
païennes fournit à Sanche l'occasion d'exercer sa valeur guerrière.

(1) Les Vascons ou Basques, contraints d'obéir à la France sous les
rois de la première race, étaient toujours prêts à secouer le joug du
vainqueur. Leurs sentiments réfractaires à toute idée d'assimilation,
sont révélés dans ce fait raconté par l'auteur de la vie de Sainte Ric-
trude : Un seigneur français *Adalbus* avait épousé, cette future sainte,
fille d'un homme noble nommé Ernold et de Lichia sa femme, de la
nation guerrière des Vascons. Ce seigneur fut assassiné et c'est alors
que sa veuve prit le voile pour se sanctifier dans un monastère.

(2) Selon Grégoire de Tours, les Vascons piqués des dégâts que l'armée franque avait fait dans leurs terres, et enflés du succès qu'ils
avaient eu contre le duc Bladaste, entreprirent de faire des courses
dans les terres de France. Pour cet effet, l'an 586, ils firent leur des-
cente par les montagnes, et ravagèrent les champs et les vignes, brû-
lant les maisons, enlevant du bétail, et emmenant des prisonniers. Les
dégâts qu'ils firent aux vignes témoigne assez dit Marca qu'ils s'avan-
cèrent jusqu'à Dax, la Chalosse et le Béarn. Austrovald qui vint les
en chasser ne put les déloger des montagnes où ils sont encore avec
leur langue. Une armée franque envoyée par Théodoric, roi de
Bourgogne et son frère Théodebert, obligea ces montagnards à payer
tribut. Ils eurent alors pour duc Génialis et ensuite Aighinan, contre
lequel ils se révoltent de nouveau en 626. Sous Dagobert on voit les
cités de Béarn, Acqs, Oloron, Ayre et Bayonne, envoyer des recrues
à l'armée du duc Arnaud pour combattre la France, avec l'aide des
Vascons d'Espagne, mais cette puissante armée est défaite par Adoin
et poursuivie jusques dans les retranchements des montagnes. Arnaud
va à Paris avec les principaux seigneurs, promettre obéissance et fidélité au roi. Clovis II succéda à son père au royaume de Neustrie et de
Bourgogne. La Novempopulanie lui appartenait avec la Vasconie,
mais celle-ci de nouveau était en révolte. Bientôt des factieux chassés
de France, sous Ebroïn maire du palais, se réfugièrent chez les
Vascons et les fortifièrent dans leur rébellion. Les peuples voisins du
reste de la Novempopulanie se joignent au duc Loup, qui ne changea
point l'ancien titre de duc des Vascons.

Par cette union de confédérés, et non par une nouvelle conquête des
Vascons, la Novempopulanie changea de nom, et devint la Vasconie
ou Gascogne, illustrée plus tard par le duc Guilhaume Sanche (voir
là-dessus Marca, *Histoire du Béarn*), seigneur de Bellocq et bienfaiteur du monastère de Sordes.

Les Normands ou hommes du Nord, s'étaient emparés de Bordeaux, faisant prisonnier le duc Guillaume. C'est de là qu'ils partirent l'an 851 pour ravager les rives de la Seine. Ils brûlaient les églises, les villes et les provinces pour mettre en captivité le peuple chrétien. Pour résister à cet ennemi formidable, sans attendre les ordres du roi, tous les Gascons s'étaient ralliés sous le commandement du comte Sanche, qui au décès d'Aznar son frère, s'était saisi du gouvernement du comté des Gascons contre la volonté de Pépin, roi d'Aquitaine, et qui s'y était maintenu contre l'autorité de Charles le Chauve. De la même famille descendait, portant toujours le nom de Sanche, le nouveau vainqueur des Normands au xi⁰ siècle, Guilhaume Sanche, seigneur de Bellocq et bienfaiteur de plusieurs monastères. Marca rapporte qu'en face d'une armée formidable de Normands, il eut la pieuse pensée de mettre les genoux à terre devant le tombeau de St Sever, martyr, demandant l'assistance de ses prières contre une nation infidèle, et faisant le vœu de laisser sa terre sous sa protection et d'ériger un magnifique monastère à son honneur s'il obtenait la victoire. Après cette prière et ce vœu il attaqua ces troupes impies de Normands, les défit, en tailla en pièces plusieurs milliers. Il avoua et certifia que le très glorieux martyr St Sever, dont il avait imploré le secours, parut en cette bataille sur un cheval blanc avec de belles armes, abattant et tuant ces désespérés corsaires. Il fait lui-même le récit de ce combat, de la victoire et de cette apparition de St Sever, en la charte de la fondation du monastère qu'il bâtit en l'honneur du martyr, en reconnaissance de ce grand bienfait, dans la ville de Saint-Sever. D'ailleurs, ajoute l'historien du Béarn, des faits semblables sont racontés dans la Sainte Ecriture, comme l'apparition d'un ange à Judas Machabée, et dans l'histoire de l'Eglise, l'apparition et le secours des saints apôtres Jean et Philippe à l'empereur Théodose, contre le tyran Eugène, et l'intervention de l'apôtre St Jacques en faveur du roi Ramir de Léon contre les Sarrasins.

Les Normands vaincus, Guilhaume Sanche eut à combattre une autre invasion des mahométans d'Espagne. Radulphe Glaber écrit que les Sarrasins ayant attaqué la Gaule méridionale sous la conduite d'*Almuror*, le duc de Navarre (1) surnommé *Sanctus* — c'est sans doute Sancius Sance, — fut obligé de combattre plusieurs

(1) Nous avons vu que la Vasconie et Navarre étaient des noms désignant le même pays.

fois ces ennemis de la chrétienté, et que la nécessité d'hommes, en cette circonstance, avait mis les armes à la main de tous les moines de cette province contre les destructeurs de la religion. Le même auteur montre que cette victoire arriva vers l'an *mille*.

Ainsi s'explique comment la propriété de l'église avait pu légitimement passer à des mains laïques, et être gardée sans remords, tant que durait la nécessité de combattre les ennemis de la religion chrétienne. Ce danger une fois disparu, les droits de l'Église reparaissaient dans les actes publics de vente de ces biens, comme en témoigne le testament de Jean, seigneur de Méritein, seigneur et abbé laïque de Nabas et de sa femme Donneton de Goyennèche (1).

« ... Considérant en lour médix et rébolben en lours consciences
« que las demnes, et lou dret et receptio dequeres proprement et
« directement se expectan, et appartient et aparthier deben, à Diu
« et à las Glizias, et aux serbidours dequeres, et lous laicqs ny
« autres no las podin ny deben theer, possédir, receber, appropriar
« ny convertir en lours usadges... informats axi medix en tropes
« et diverses maneyres, de las inhibitions, mandaments, moni-
« tions, sentencies et excommenges et penes contre lous laicqs et
« seculars detients et occupants lasd. desmes.... désirant esbitar
« aqueres penes et sentencies, et la divine indignation, boulen
« procedir et remédiar à la salut de lours animes etc. » Le Concile de Latran en 1179, défendit en effet aux abbés laïques de vendre la dîme à d'autres laïques. De là, vint l'usage d'offrir ces revenus aux curés et aux moines. Les souverains de Béarn, ne se soumirent pas toujours aux exigences de la loi canonique : le seigneur de Nabas, lui, reste d'accord avec l'Eglise et sa conscience en vendant à l'abbé Lestrade, curé de St-Vincent de Salics. Le duc de Gascogne s'inspirait des mêmes sentiments en donnant aux moines de Sordes qui de ce chef, devinrent à certains égards, les patrons sinons les seigneurs de la paroisse de Bellocq.

L'accaparement des dîmes par les seigneurs ou abbés laïques, eut pour effet , dans les petites paroisses qui n'avaient pas d'autres fondations, de mettre les membres du clergé séculier, dans un état voisin de la gêne. Les rois durent parfois obliger les abbés laïques, à leur faire une plus large part dans leurs revenus, afin qu'ils pussent s'entretenir convenablement. La contribution

(1) Archives de la famille de Lescar, et Bulletin de la Société de Borda, année 1890, p. 105.

imposée dans ce cas prit le nom de *portion congrue*. Une déclaration de Louis XIV, donnée à Versailles, le 30 juin 1690, porte à trois cent livres, la portion congrue des curés et vicaires perpétuels. D'après la déclaration de 1686, les curés et vicaires perpétuels, en sus de ces trois cents livres, devaient recevoir cent cinquante francs pour leur renonciation aux dîmes. Ils ne renonçaient pas pour cela aux oblations et droits casuels (1). A Bellocq le culte était subventionné à la fois par une part des dîmes (2), et par d'importantes fondations.

La première fondation de messe à Bellocq, fait honneur à la piété de Gaston VIII, fils de Roger Bernard et petit-fils de Gaston VII qui en affranchit les habitants. Avant de succéder à son père (1302), il établit en 1290 une messe annuelle dans l'église qui s'éleva peut-être à cette même époque. Il n'est pas dit quel revenu fut affecté à la célébration de cette messe, on sait seulement qu'elle devait être célébrée par un prêtre béarnais (3). Une telle clause, ainsi que les exigences du *juspatronat*, explique comment, dans cette paroisse dépendante de l'évêque de Dax, plusieurs curés y viennent du diocèse de Lescar. Nous avons trouvé trace d'un autre *obit* fondé par la famille Lescarboura, mais les fondations importantes sont celles des prébendes de Labaigt, par les de Laussade, et du Faur par la famille de ce nom, aujourd'hui disparue.

Le testament qui fait mention de la première, en y ajoutant d'autres revenus, fut écrit à Pau en l'année 1520, par Arnauld de *Suprema*, clero du diocèse de Lescar, et notaire apostolique.

Il est ainsi conçu :

« In nomine Patris et Filii et Spiritus Sancti Amen. Quoniam nemo in carne positus mortem evadere potest, et sit scriptum quod nihil certius morte, sed incertius quam hora ipsius.

« Et per so lo honorable homme, meste Guitard de Laussade Prebob et secretary deu Rey de Navarra, segnor de Béarn, boulen provedir au salut de sa anime et dispausar de sous bées et

(1) Archive des Landes. A. 2.

(2) Dans une délibération de la commune, du 23 juin 1792, après le départ de l'abbé Talamon pour l'exil, celui-ci est déclaré responsable des réparations du sanctuaire de l'église parce qu'il est gros décimateur, avec l'abbé de Sordes et l'évêque de Dax.

(3) Communication bienveillante de M. Batcave, d'après un document de la Bibliothèque nationale.

causes, qui ab grand tribail de sa personne, Diu per sa infinide
gracy lui a donnat, estan aucunement mal dispost de sad. personne
per cause de las grandes et autres maladies a luy adventides, empero
saà de son entendement et pensement, à present a feyt et condit
son darré testament, en la forme et maneyre seguente. Et permère-
ment recommande la so anime à Diu, à la gloriose Vierge Marie, à
Mossen St-Micheu, à Mossen St-Gabriel, etc., etc... à la Ste-Marie
Magdeleine et à tous los saints et saintes de Paradis ausquals
suplique boulen estar sons bons advocats et protectors envers
noste Seigne Jésus-Christ, que per sa piétat et miséricordia
bouille parar et perdounar sous peccats e défaillements.

. . . . . . . . . . . . . . . . . . . . . . . . . . . . . . . . . . . . . . . . . . . . . . . . . . . . . . . . . .

« Item vol et ordonne que après que Diu aura fayt à son commandement de luy d'Guittayre, que son corps et cadavere sie
portat, sepelit et susterrat defens la glise de Nostre-Dame de
Bellocq et au-devant de l'auta du Mossen St-Jacques, là oun luy à
sa sépultura.

. . . . . . . . . . . . . . . . . . . . . . . . . . . . . . . . . . . . . . . . . . . . . . . . . . . . . . . . . .

« Item com lod' de Laussade Guitayre sie patro de une prebende
apperade de Labaigt (1), fondade en lad' église de Noste-Dame de
Bellocq, et à présent sie prebendex de lad' prebende Mossen Jean de
Ferran deu locq de Mimbaste son cousin, per augmentation de
lad. prébende, vol et ordonne que las pesses de Espiules sien
adjutades et unides au capitau de lad. prebende so es deux fonds
de fius nobles qui costan d'Arribau deu locq de Berenx, plus la
vigne apperade deu Caugt, situade en lo terrador deu loc de Puyoo,
plus cinq places qui aussi luy se a crompat en lod' locq de
Bellocq, apperades de Labaigt, situades en la carrère Maiau deud'
locq, plus quattes autes places que aussy se a crompat en lod. locq
apperades vulgarement *deu Marrou*, situades en la carrère deu miey,
lasqualles places boulem et ordonnam sien ajustades et unides,
ab lod. capitau de lad. prebende de Labaigt, perpetualement com
dit es ; empero que lod. prébendex, et los autes prebenders qui
après lod' de Ferran scran, outre lo serbicy que lod' prebender es
tiengut far, a cause de lad' prebende, sie tengut celebrar un jour
en chescune sepmane, une misse haute *pro defunctis*, per sa anime,

(1) La maison Pommés d'aujourd'hui était autrefois appelée Labaigt.
C'est là selon toutes les probabilités qu'était le presbytère de Bellocq
avant la Révolution.

de son pay et may, fray et soos et autes de sa nature,...... etc.

» Heretex de touts bées et causes, Arnaud Guilhem de Laussade hilb primogenit. Exécutours deu present testament Moussen Pées deu Fau, et Mossen Bernard deu Poey sous cousins (1). »

Comme on le voit dans ce document, les fondateurs de *prébendes* se réservaient, pour eux et leurs héritiers, le droit d'en nommer les titulaires, qui devaient être agréés par l'évêque du diocèse : et il était naturel que le choix se portât de préférence sur des parents, ou tout autre sujet recommandé par la voix du sang et de l'amitié. Ce système administratif suscita bien des embarras au XVIᵉ siècle, lorsque plusieurs patrons des paroisses, dévoués aux nouveautés doctrinales du protestantisme, refusèrent de présenter des sujets capables et dignes.

Une autre prébende importante, celle du Faur, composée des terres de Galet, au parsan de Monjolle, et de dix arpents de terres labourables dans la plaine, complétait les belles fondations de l'église de Bellocq. Lorsque la paix fut rendue aux catholiques béarnais, au XVIIᵉ siècle, il fallut soutenir, jusqu'en appel devant la Cour souveraine de Pau, le droit de propriété de la paroisse sur ces terres, les fermiers habitués à ne plus payer durant les troubles religieux, refusant encore de s'acquitter envers les maîtres légitimes.

Si le curé de Bellocq avait eu en ses mains toutes les rentes attachées à son église, grande au point de vue temporel eut été son aisance. Mais l'évêque, d'accord avec les patrons, disposait des prébendes pour les pasteurs moins fortunés des autres paroisses, même pour entretenir aux études des élèves ecclésiastiques.

Au XVIIᵉ siècle, la prébende du Faur, restituée à la requête de l'abbé Laborde, curé de Lanneplàa, servit à sa subsistance et à celle de son successeur, l'abbé de Candau, dans le service de cette paroisse (2). D'ailleurs ces sortes de bénéfices étaient conférés en échange d'un service religieux déterminé. Quand le titulaire ne pouvait pas acquitter cette charge, ni par lui-même ni par un remplaçant, il ne faisait pas les fruits siens, et dans tous les cas,

(1) Cet extrait de testament est tiré d'une copie délivrée en 1650, par Paradges, notaire à Bellocq, à la requête du curé Jean Laborde et conservée dans les archives de la famille de Lescar.

(2) Voir à ce sujet les documents publiés dans le Bulletin de la Société de Borda, année 1888, p. 151.

l'excédent du revenu, lorsque le bénéfice avait pourvu honorablement à son entretien, devait être employé à de pieux usages tels que la conservation et l'embellissement des édifices religieux, les frais du culte et le soulagement des pauvres.

Le procès-verbal de visite pastorale, à Bellocq par Mgr Louis-Marie de Suarez d'Aulan, le 23 avril 1739, est une nouvelle preuve de l'affectation de quelques revenus de Bellocq au bénéfice de paroisses étrangères, selon les besoins du moment. On y lit : « Bellocq, 1 prébende où nomme Moujol (1), habitant dudit lieu, « possédée par Badière, curé d'Igos. Obit de Jean de Sainte-Croix, « de trente livres de rente ; obit de Lescar. L'évêque de Dax « nomme à la cure. Gros décimateur, l'évêque et l'abbé de Sordes, « D'Izez, curé (2). »

(1) C'est Monjot qu'il faut dire, nous verrons que cette famille par son alliance avec la famille Lescarboura, a acquis le droit de présentation à la prébende du Faur.

(2) Etudes historiques et religieuses de M. l'abbé Dubarat, mars 1895. Ce compte-rendu semble incomplet. Il relève cependant deux autres *obits*.

IV

## BELLOCQ, LES FIEFS SEIGNEURIAUX, POUVOIR JUDICIAIRE ET ADMINISTRATIF DE LA COMMUNE

Les revenus de la dîme assuraient les services religieux et hospitaliers et, dans une certaine mesure, le service militaire au moyen âge. L'ordre civil, basé sur la justice, avait sa garantie dans la hiérarchie féodale, ainsi appelée de la fidélité que se juraient mutuellement les seigneurs ou suzerains, et les vassaux leurs subordonnés. Les seigneurs eux-mêmes étaient vassaux de seigneurs plus puissants, à qui ils payaient une redevance, et, sous leur autorité ainsi consolidée, les paysans ou petits vassaux respiraient à l'aise. En payant une légère contribution appelée *fief*, pour chaque terre donnée en exploitation, ou volontairement affiévée, ils étaient protégés eux et leurs biens (1). Au dixième et au commencement du

(1) Il résulte de l'ensemble des événements les plus positifs, et les plus attentivement étudiés, que la féodalité ne fut pas une institution importée dans la Gaule par les Barbares, mais un produit tout aussi gaulois que germanique, développé naturellement par la situation respective, que la conquête faisait aux vainqueurs et aux vaincus. Plusieurs faits établissent cette origine indigène du principe féodal. D'abord les mots *Allodial,* terre *Allodiale*, sont entièrement gaulois. M. Guizot enseigne que la Gaule renfermait deux sortes de terres, les terres libres ou *Allodiales,* et les terres *serviles*. En Bretagne les personnes se divisaient en cinq classes, les druides, les nobles ou les propriétaires d'Alleux, les Ausbactz, ou Soldules, les clients, les oberati ou esclaves. Montlozier ajoute que l'*Alleu* était la propriété libre des Gaulois, et la *terre salique* la propriété libre des Francs. Dans cette région du Béarn, les serfs, cette classe inférieure d'anciens condamnés, ou prisonniers de guerre, ou de leurs enfants, furent peu nombreux. L'acte d'affranchissement de Bellocq ne les mentionne pas.

xi⁰ siècle, nous allons le voir, le vicomte de Dax est seigneur de Bellocq, pour le comte ou duc de Gascogne.

A la mort du duc Sanche, survenue en 1032, une guerre de succession changea les destinées politiques de Saint-Pierre de Haschenx et de Bellocq, car elle eut pour conséquences de faire passer Salies, dont ces deux groupements dépendaient, sous le domaine des princes ou plutôt du Vicomte de Béarn. .

Ce ne peut être qu'une erreur typographique dans l'inventaire de M. Raymond qui a fait écrire Bellocq dans la paroisse de Sales, dont il est séparé par la commune de Bérenx.

Pour desservir les familles d'une partie du versant de Bellocq, Salies possédait une église ou chapelle de secours sous le vocable de la Sainte Trinité, *Sainct Trinitat* (1), que la tradition place aux environs de *Lascrouts*. Avec le vieux *Senpé de Haschenx*, le territoire de Bellocq cotoie Salies sur une étendue de quatre ou cinq milles. Donc il est probable que Bellocq changea de maîtres en même temps que Salies, par suite de cette guerre de succession.

Alors la Gascogne tomba successivement au pouvoir de Bérenger comte d'Angoulème, gendre de Sance, de Odon comte de Poitou et duc d'Aquitaine, son neveu, et de Gui-Geoffroi ou Guillaume VIII son demi frère. Odon avait reçu de sa mère Brisce de Gascogne, sœur du comte Sance, tous ses droits sur la Gascogne. La succession du frère n'offrait aucune difficulté, en ce qui concernait les droits paternels, l'Aquitaine et le Poitou. Il n'en était pas de même pour les biens maternels, à savoir le duché de Gascogne.

Guillaume VIII, se fondant sur le droit romain, qui donnait au frère consanguin la succession fraternelle en entier, faute d'héritiers directs pour le recueillir, prétendait recevoir tout l'hèritage d'Odon, la Gascogne aussi bien que les autres pays. Mais cette prétention trouva, en Gascogne même, des contradicteurs qui furent le comte d'Armagnac, Bernard Tumapaler, et Centule III vicomte de Béarn. Ce dernier avait épousé une princesse de la maison ducale *Angela* et se réclamait d'elle, et de la coutume gasconne, opposée ici au droit romain, pour briguer la couronne des ducs de Gascogne.

Ces deux princes, unissant leurs forces, inspirèrent des inquiétudes à Guillaume VIII qui aima mieux composer avec ses rivaux.

(1) Voir l'Inventaire de P. Raymond, Salies, *vieils foëcs*.

A Cendule III, il céda divers droits féodaux en Béarn, notamment Salies, dont il s'était déjà emparé dit Marca. Depuis ce moment jusqu'à l'accession d'Henri IV au trône de France, Bellocq sera terre béarnaise sans cesser pour cela d'être rattaché au monastère de Sordes pour la redevance des dîmes, et à l'évêque de Dax comme suprême pasteur.

Devenu maître de Salies (1), Centule III de Béarn prit encore la Soule au vicomte de Dax. Les souletains pour se venger.le firent mourir dans une embuscade.

D'après Marca, la loi des Visigoths, restée en vigueur dans ce pays, reconnaissait des vicomtes généraux et des vicomtes particuliers, comme dans l'ordre ecclésiastique, des vicaires généraux, et des vicaires de pouvoir inférieur. De la première catégorie était le vicomte de Béarn, dont la puissance s'étendait sur deux cités, Béarn et Oloron.

De la seconde étaient les *béguers* des *bégaries*. « Toutes ces béga-
« ries ou vicaries, dit Marca, sont maintenant réunies et incorpo-
« rées au domaine du roi, ou bien tenues et possédées en fief et
« hommage, par des gentilshommes particuliers, qui pour raison
« de ce jouissent de certaines rentes d'avoine, de poules, et d'argent
« sur quelques maisons, et commettent une personne, qui aît
« serment à *justice*, pour faire les fonctions ci-dessus spécifiées ».

Après la fondation de la *bastide* de Bellocq, les vicomtes de Béarn étant seigneurs directs de cette nouvelle commune, y rendirent la justice, soit en nommant un ou plusieurs jurats qui les rempla-çaient dans cette importante fonction, — on ne peut en préciser le nombre, les autres jurats étaient élus par la communauté, — soit en choisissant un délégué ou bayle, qui comme nos procureurs, instruisait et poursuivait devant la Cour municipale, la ven-geance des délits, et, dans une certaine mesure, la reconnaissance des droits de propriété. Les Jurats, ainsi appelés parce qu'ils prêtaient serment, étaient à la fois conseil administratif de la com-mune, et magistrats jouissant du privilège de basse et moyenne justice. Ils connaissaient des affaires civiles, criminelles et de simple police; toutefois ils étaient incompétents, dans les ques-tions sur la vie des hommes; et de plus ils ne pouvaient point

(1) V<sup>r</sup> Marca, Histoire du Béarn, et l'histoire de Saint Austinde, archevêque d'Auch par l'abbé **Breuils**.

appliquer la question, ou infliger une autre torture, et moins encore porter une sentence définitive, en matière criminelle, sans avoir pris l'avis de la chambre criminelle (1).

Les bourgeois et le peuple étaient justiciables de ce tribunal qui jugeait en première instance.

Les Jurats portaient dans l'exercice de leurs fonctions, un chaperon rouge.

En leur qualité de jurats royaux, ils avaient, au moyen d'un délégué, voix délibérative aux Etats de Béarn, où ils étaient appelés chaque année; ce qui leur donnait une importance politique et les élevait au niveau des gentilshommes.

Pour les appels, Bellocq ressortissait au bailliage de Ribère-Gave séant à Orthez et composé des Jurats d'Orthez. Sous le règne de la France, ce tribunal devient la sénéchaussée d'Orthez.

Le tribunal supérieur à tous les autres, qui jugeait en dernier ressort, c'était la Cour majour. Créée en 1220 par Guilhaume Raymon vicomte de Béarn, elle se composait de douze jurats présidés par le prince lui-même, ayant à ses côtés les évêques de Lescar et d'Oloron, qui étaient membres de droit de cette auguste compagnie, et qu'on regardait comme les plus illustres conseillers de nos souverains béarnais.

La cour majour connaissait des contestations entre les barons, et des affaires qui avaient rapport à la propriété, à la liberté et à la vie des hommes, et les jugeait en premier et dernier ressort; comme elle statuait en dernier ressort sur l'appel des sentences rendues par les tribunaux subalternes.

La cour majour tenait des séances extraordinaires dans les prinipales villes de Béarn : Morlaas, Orthez, Oloron, Pau, Montaner, Lembeye, Nay, Asson, Assat, Monein, Sauveterre.

Elle était instituée pour juger les seigneurs qui avaient droit de justice, tandis que la cour des jurats ne jugeait que les simples particuliers ou censitaires. En 1620, la cour majour fut remplacée par le Parlement de Béarn et Navarre.

Le premier jurat de Bellocq, par rang d'âge, jugeant au nom du vicomte de Béarn, était donc le vrai seigneur du lieu. Le tenancier des fiefs du Prince, qui avait rang de noblesse, et à ce titre entrée aux Etats de Béarn, ne pouvait juger, que par les quelques jurats qui étaient à sa nomination, il n'avait donc qu'une influence indirecte sur les jugements rendus par le conseil.

(1) **Fors de Béarn, rubrique des Jurats.**

Au xviie siècle, la Justice est rendue à Bellocq au nom du roi de France. Par un édit de 1695 (1) Louis XIV ordonne la vente et revente des justices, terres, seigneuries et droits domaniaux de Sa Majesté, et par un nouvel édit du 28 novembre de la même année, il règle que les possesseurs des domaines du roy aliénés ou inféodés, doivent payer au Roy le dixième de la valeur.

C'est dans ces conditions que M. Claude Théophile, baron de Boeil, colonel d'infanterie, fut seigneur de Bellocq, pendant une courte période de deux ans, au dernier siècle.

En 1769, le 19 avril, se présente chez Maury, 1er échevin ou maire de Bellocq, M. de Balthazar, procureur de M. de Boeil, pour en son nom, prendre possession à l'hôtel de ville, devant les échevins, notables et communauté assemblés, de la seigneurie de Bellocq achetée au roy (2). Il était tenu de payer au Roi, une rente annuelle de 480 livres.

En conséquence d'un arrêt du Conseil d'Etat du 14 juillet 1722, « le Parlement de Navarre enjoint aux Jurats et habitants de « Bellocq de reconnaître ledit de Boeil, et lui rendre les services « de payer les droits de délégué en ladite qualité, fait défense à « toute personne de lui porter aucun trouble ou empèchement « dans la jouissance ou perception d'iceux ».

Deux ans plus tard, M. de Boeil offre de revendre la seigneurie de Bellocq à M. de Mosqueros de Salies, qui avant de l'acquérir cherche à s'entendre avec les habitants, en leur faisant des promesses avantageuses, comme il résulte d'une pièce trouvée aux archives de la famille de Lescar, qui mérite d'être publiée intégralement:

« Je m'engage à obtenir de M. Boeil, la cession en ma faveur du « domaine de Bellocq, qu'il a pris du Roy, et dont il a été mis en « possession; et lorsque je l'aurai obtenu, je promets de consentir « en faveur de tous les particuliers qui composent le lieu, un acte « dans la forme la plus authentique, par lequel je renoncerai à tous « droits seigneuriaux, utiles et prohibitifs, en me réservant seule- « ment l'honorifique, et le droit que l'article 4 de la déclaration du « 23 septembre 1767, conserve aux *seigneurs engagistes sur les nomi-* « *nations municipales*, lesquels droits réservés, ne passeront pas à

(1) Archives des Landes, A 3.
(2) Arch. des Basses-Pyrénées, E 925.

« mes héritiers, et se réuniront comme tous les autres auxdits habi-
« tants, à condition que ceux-ci les dégageront de leur côté de toute
« obligation envers le domaine, en mettant une autre personne à
« leur place, et ce moyennant l'assiette du payement exact, qui me
« sera fait au mois d'Avril de chaque année par les habitants du *fief*,
« de *quatre cent quatre-vingt livres,* que je serai tenu de payer annuel-
« lement au Roy.... » Signé : Mosqueros.

La vente se fit sans difficulté, et même, tout porte à le croire,
avec enthousiasme, puisqu'elle était avantageuse à la communauté.
A l'heure de la Révolution, la famille de Mosqueros possède à
Bellocq la maison Abbadie, en face de l'église.

Cette lettre de M. de Mosqueros, nous découvre un rouage important de l'administration municipale, dans une commune qui, dès
longtemps, jouissait des immunités du For de Morlaas. La liberté
et les larges attributions du pouvoir entre les mains des élus du
peuple, qui nommait ses jurats par le suffrage à trois degrés,
n'allait pas jusqu'à déposséder entièrement le pouvoir central,
représenté ici par le seigneur qui pouvait peser de son autorité
dans les affaires communales, par l'élection personnelle de un ou
plusieurs membres administrateurs et justiciers, qui restaient
indépendants vis-à-vis des électeurs populaires; il y avait là une
garantie d'impartialité de plus.

Les autres jurats, le plus grand nombre, formaient avec les élus
du Seigneur, le conseil supérieur de la commune, ils étaient
nommés par l'assemblée des notables, dits *vocaux,* ou jurats du
second banc, ainsi appelés du banc qu'ils occupaient derrière les
premiers aux cérémonies de l'église. Ceux-ci prêtaient serment
avant les opérations électorales — de là leur nom de jurats. Ce serment était exigé aussitôt qu'ils avaient été élus par la communauté; à Bellocq, l'usage s'était établi de faire ce serment à l'église,
après une messe du St-Esprit, à laquelle ils assistaient en corps,
après quoi ils nommaient les jurats du premier banc.

En 1753, à la suite d'un incident qui sera raconté en son lieu, ils
cessèrent de prêter le serment entre les mains du curé, et ne le
firent désormais qu'entre les mains des jurats demeurés en fonction.
Les *vocaux* étaient nommés par trois élus de la communauté. Ils
étaient au nombre de douze, et les jurats qui avec eux renouve-
laient le corps administratif et judiciaire, au nombre de trois. Le
conseil supérieur de la commune était formé de six jurats : réunis

aux notables ou *vocaux*, ils formaient le conseil général de la commune (1).

Le pouvoir central était encore mieux représenté par le *bayle,* que par les jurats du Seigneur. Celui-ci était une espèce de procureur accrédité auprès de la Cour des jurats, et chargé, non seulement de veiller à l'exécution des ordonnances du Souverain, des sentences des jurats et des actes notariés, mais encore de présider quelquefois les séances de Justice.

Outre la baylie, Bellocq possédait aussi une notairie dont les actes malheureusement sont perdus. Parmi les titulaires figurent longtemps les Laussade.

Les revenus du roi à Bellocq, estimés 480 livres dans la lettre de M. de Mosqueros, représentaient le dixième (2) de la masse attribuée au seigneur *engagiste*. Ils provenaient en grande partie de quelque domaine tenu en propriété directe. La preuve en est aux archives départementales E. 925. Les fiefs ne pouvaient constituer une somme aussi importante.

Ils étaient au nombre de 230 au xɪvᵉ siècle (3).

L'humidité ayant détérioré les noms des familles de Bellocq redevables au Vicomte, pour telle ou telle pièce de terre, on ne peut savoir au juste si ce chiffre représente le nombre de familles, ou le nombre des terres affiévées. Mais ce qu'il importe de constater, c'est que les fiefs n'étaient pas une lourde redevance, à en juger par les plus hauts imposés.

Ainsi on lit : Joan de Laussade 3 sols — Capdebile 3 sols 4 deniers tournois — Louberes 2 sols 9 deniers — Bernard de Faur 4 sols — L'Ostau de Narp 3 deniers — L'Ostau Barrère 6 sols — Desclaux 8 sols , 6 deniers — Joan de Mirembeu 4 sols, 4 deniers — De Badie 6 sols, 9 deniers — Guilhem deu Pouey 7 sols 8 deniers tournois. — Guiraut de Lacau 8 deniers — De Mesples 6 sols, 3 deniers — Guiraut 3 sols — Guilhem deu Camp 7 deniers — De Lagor (effacé) — De Laffargue 16 sols, neuf deniers — De Labaigt 3 sols, 8 deniers — De Lanusse deux sols, 9 deniers — De Pilan 3 sols, 4 deniers.

Il est vrai que la centralisation du pouvoir à Paris, qui arriva à

(1) Les Jurats, dit M. Louis Batcave, ont une juridiction civile et criminelle, ils ne peuvent être juges et témoins, sont chargés de la taxe des vivres, connaissent par provision des indues vexations, des péages, tiennent cour à certaines heures à l'hôtel de ville, peuvent contraindre par corps les trésoriers civils et ecclésiastiques, pour la reddition des comptes, régler la réparation des ponts et routes.

(2) Edit de 1695.

(3) Voir Archives départementales, E 307.

son apogée sous Louis XIV, eut pour conséquence une augmentation notable des impôts. L'année 1701, marque l'établissement de la *seconde dixme*. En quoi consistait-elle ? Une lettre de M. de Béarn-Sendos, à Monseigneur de Guyet, intendant de justice, police et finances en Béarn et en Navarre, nous apprend à cette date qu'elle était prise sur les *oisons* et les *agneaux*. Il se plaint seulement d'avoir eu à la payer à Labastide, tandis qu'il est domicilié à Sendos, et il obtient gain de cause (1). Les seigneurs eux-mêmes n'étaient donc pas exempts de cet impôt, mais ils y échappaient dans les terres séparées de leur domicile habituel. Soumettre les nobles comme les autres à cette contribution nouvelle semblait juste, mais l'antiquité féodale n'avait pas connu toutes ces charges.

Un autre impôt nouveau, et très impopulaire, s'il est permis d'en juger par « la mauvaise volonté des redevables de Béarn à en acquitter le montant, et leur opiniâtreté à refuser de fournir les déclarations de revenus, conformément à l'édit de May 1749 » fut celui du *vingtième*. Ces plaintes sont d'Antoine Megret, intendant de justice, police et finances en Navarre, Béarn et généralité d'Auch, dans son ordonnance de Juin 1756, imprimée à Auch et signée d'Etigny. Il dit aussi que pour faciliter le recouvrement, Sa Majesté, par une grâce particulière, a bien voulu réduire à moitié, le montant du *vingtième* ?

Que penser d'une contribution que le fisc n'ose pas exiger en totalité, et à laquelle la province de Béarn cherche à se soustraire ?

La dîme, à l'origine, était l'impôt ecclésiastique, les fiefs l'impôt prélevé par les seigneurs sur ceux qui leur demandaient aide et protection contre les ennemis du dehors et du dedans. La centralisation du pouvoir, qui avait ses avantages, devait amener forcément de nouveaux impôts, qui, joints aux premiers, pouvaient paraître exorbitants. D'autre part, l'établissement des armées permanentes, en dépossédant les seigneurs du monopole des services militaires, tendait à leur faire contester la légitimité des dîmes de l'Eglise et des fiefs antiques.

Il fallait des réformes. Elles avaient été réclamées longtemps avant la Révolution par des hommes considérables, tels que Fénelon et Vauban sous Louis XIV, d'Argenson, sous Louis XV. Si la Révolution ne sut pas les accomplir, ni parfaitement, ni pacifiquement, elle en prépara au moins les voies, en brisant tout d'un coup l'ancien régime.

(1) Arch. de la famille de Lescar.

## V

## LA BASTIDE VILLE.

La ville de Bellocq est née de l'acte d'affranchissement de Gaston VII, conservé aux Archives des Basses-Pyrénées (E 289), qui porte la date de septembre 1281. Nous le citons en entier, étant donné son importance :

### BEGLOC

« Gaston per la gracie de Diu, vescomte de Bearn, senhor de
« Moncade e de Casteg bielh , als sons amatz e fizels als poblantz
« de la Bastide de Begloc, salutz e amor. Fei saber a vos e a totz
« los esguardadors de las presentz letres, que nos per nos e nostre
« linadge a vos e a vostre linhadge dam e autreyam plenerementz
« en totes causes lors (*sic*) fors e las costumes e lors (*sic*) fran-
« quesses que la viele ens habitantz de Morlaas an ab nos et nos
« ab egs, exceptat que nos no affranquim los senhors e filhs de
« nostres casaus *questaus* (1) ni *ceyssaus* sino solemen estan en lo

(1) Les mots serf, servage, villains, róturiers, étaient inusités en Béarn, fait observer M. Menjoulet. On n'y connaissait que le paysan ou *rusticus francal* (franc) et le paysan *questal*, c'est-à-dire payant redevance. Le francal payait au comte comme le paysan d'aujourd'hui au gouvernement. Le *questal* et le *ceysal* étaient les cultivateurs ou bergers non propriétaires, travaillant la terre, soignant les animaux d'autrui. et payant des droits divers à leurs maitres. Ils répondaient aux fermiers et aux bordiers de nos jours. La différence qui distinguait le *ceysal* du *questal*, d'après le jurisconsulte béarnais Mourot, c'est que le premier ne dépendait pas du fief, tandis que le questal s'y trouvait tellement attaché qu'il en suivait les vicissitudes comme un accessoire nécessaire. Les uns et les autres ne pouvaient être vendus et déplacés sans leur consentement. S'ils suivaient très volontairement le sort de la terre qu'ils avaient cultivée de père en fils, c'est que leur plus cher intérêt était de conserver leur position, leur industrie, et qu'il leur était doux de rester sur le domaine où ils avaient reçu le jour. Tout changement de résidence était antipathique aux mœurs du moyen-âge.... Gaston-Phœbus ayant offert à tous les *questaux*, la liberté et les prérogatives des *francaux*, moyennant une légère rede-vance, il n'y en eut qu'un petit nombre qui répondirent à son appel. Cenac-Moncaut, *Histoire du plateau Pyrénéen*, II, p. 272.

« diit lauc de Begloc o en autres laucs nostres dejus nos. E dam e
« autreyam per tostemps, aus diits poblantz de Beglauc lo medix
« padoent e la medixe forme e ab las medixes conditions que
« nostres gentz d'Arribere-Gave e de Larbag e de Salies e de
« Guarencs an e thienin e possedesquen. En testimoniadge de la
« quoau cause abem feyt pausar nostre saget en la present letre.
« Appareilhatz de encartar e de jurar vostres fors e costumes e
« franquesses la que nos sapie bon e nos presentz siam. Dad fo a
« Ortes dilus en lo xvᵉ de Sent Mathiu de Seteme anno Domini
« M.CCLXXX primo. »

La charte de Gaston VII (1) ne devait pas peupler une solitude.
Il semble bien plutôt, qu'un groupement de maisons, sous le nom
de Bellocq et sur l'emplacement où s'élève *la Bastide*, l'a précédé
au moins de quelques années, et attiré aux premiers habitants, par
son importance même, les faveurs du prince Béarnais. Des faits
corroborent cette opinion.

M. l'abbé Foix, curé de Laurède, dans son opuscule récent,
*Anciens hôpitaux du diocèse de Dax* (2), place Bellocq sur le chemin
de Mont-de-Marsan à Sordes. « Ce chemin de St-Jacques, dit-il,
signalé pour la première fois avec son parcours détaillé, par M.
Dufourcet, allait de Mont-de-Marsan à Souprose, Mugron, Larbey,
Baigt, Castelnau, Estibeaux, Habas et Bellocq. Toutes les stations
étaient desservies par les chevaliers de *St-Jacques de l'Epée rouge* :
c'est du moins l'assertion des auteurs, mais nous ignorons sur
quoi elle repose ». A défaut d'autre document, nous avons pour le
culte de Saint Jacques à Bellocq, dans le testament de Laussade, la
mention de l'autel dédié à ce grand Apôtre. Or cette milice religieuse de *la Paix* et *de la Foi* avait disparu trente ans avant
l'affranchissement de Bellocq (3).

Sous la réserve que ce n'est peut-être qu'une similitude de nom,
il convient aussi de signaler qu'à la bataille de *Las Navas de Tolosa,*

(1) Copie de ce document si remarquable et si utile pour notre
histoire nous a été donnée par M. Dufau de Maluquer. Qu'il en reçoive
ici même l'expression de ma vive reconnaissance.

(2) Publié chez Labrouche, typographe à Aire.

(3) En 1229, l'archevêque d'Auch organisa dans la Gascogne cette
milice de St-Jacques, sur le modèle de l'ordre fondé dans le royaume
de Léon en 1161 pour la défense de la foi et le maintien de la paix
Cet institut religieux et militaire fondé, de ce côté des Pyrénées, pour
soutenir les Montfort contre les Albigeois, disparut en 1261 avec la
puissance de cette illustre famille.

qui porta un coup mortel au règne du Coran en Espagne, en 1212,
figurent parmi les seigneurs français accourus pour la défense
de la foi chrétienne, Père de Belloch, Ramon de Mauleo, Serveron
de Monpençat, etc.

D'ailleurs toutes les communes nouvelles ne venaient pas alors
de l'initiative des rois et des grands vassaux : les moines eux-
mêmes, eurent leur part dans ce mouvement de progrès, de liberté
et de civilisation, qui d'après l'abbé Breuils (Vie de Saint Austinde)
prit naissance dès le xi<sup>e</sup> et le xii<sup>e</sup> siècle. A Bellocq il y a jusqu'à
trois noms de maison, qui rappellent les biens, et peut-être les
personnes des religieux qu'elles durent autrefois abriter : *Abbadie,
Labaigt, Mounges* (1). Il ne serait point étonnant que les bénédictins
de Sordes, mis en possession, par le duc de Gascogne, d'une part
considérable des revenus de Bellocq, y eussent fondé bien avant le
xiii<sup>e</sup> siècle, une résidence ou prieuré de leur ordre, et coopéré par
le fait même, d'une manière plus directe, à la fondation de la nouvelle ville. Nous verrons que le portail principal de l'église, et
même la porte latérale qui donne entrée au cimetière, semblent
réaliser la savante conception d'un moine, car il y a là, non seulement des actes de foi, mais aussi une grande hauteur de vues
théologiques sur la Trinité et ses œuvres universelles, comme on
en voit rarement exprimer par des laïques, qui s'inspirent beaucoup
moins des notions de la Sainte Ecriture.

Le style d'architecture du château et de l'église, qui est très
mélangé (2), n'aidera pas non plus à fixer d'une manière précise,

(1) Dans le Concile de Latran de 1059, dit l'abbé Breuils, Nicolas II
avait hautement recommandé l'érection de collégiales, où les prêtres
devaient vivre en commun, et n'avoir qu'une même table et un même
dortoir. Le Concile de Compostelle en 1056 avait aussi beaucoup insisté
sur les avantages de la vie en commun pour les ecclésiastiques. L'école
bénédictine de Cluny, s'inspirant de ces diverses décisions, tendit dès
lors à répandre le plus possible, jusque dans les campagnes, l'habitude
de la vie de communauté. Sous son influence les prieurés, granges
abbatiales abondèrent de tous côtés. Saint Mont à peine fondé vers
1050, avait déjà quatre ou cinq de ces établissements sous sa dépendance vers la fin du xi<sup>e</sup> siècle ». C'est peut-être un effet de cette institution et par suite d'une longue habitude, qu'on voit à Bellocq, encore
au xiv<sup>e</sup> siècle, la maison du curé de Ramous signalée parmi les vieux
feux — deu rector d'Arramos — comme aussi, au nombre des vieux
feux de Montaner on lit *deu capera de Ponteac* et *deu capera de Castera*, deux villages dont l'un est limitrophe, et l'autre distant de 10
kilomètres de l'ancienne capitale de la vicomté de ce nom.

2) Ce mélange n'existe plus à l'église, depuis la restauration de 1860
qui a remplacé les fenêtres de plein cintre, à baie étroite, par des
fenêtres plus larges et ogivales selon le style des deux portails.

au xiii<sup>e</sup> et au xiv<sup>e</sup> siècle, la construction de ces monuments, du moins dans toutes leurs parties. Le plein cintre roman et l'ogive gothique, associés de près, révèlent l'origine d'une période de transition, qui pour certains sujets, pourrait bien être celle du xii<sup>e</sup> siècle.

En ce qui concerne l'église, quoiqu'on incline à placer sa construction dans le temps où la ville nouvelle attira plus de peuple à cause des privilèges plus grands assurés par Gaston VII (1280), il convient de signaler, si vaguement formulée qu'il soit, le témoignage d'un ouvrier en faveur du xii<sup>e</sup> siècle. Lasbordes, après quelques tâtonnements très naturels pour une constatation qui remonte à une trentaine d'années, déclare le chiffre M.C.L.I, qu'il aurait lu du côté de l'Evangile, lorsque la chute de l'échafaudage du peintre, découvrit cette inscription. Supposé que ce millésime, dont, vérification faite tout récemment, il ne reste plus qu'un jambage celui de la lettre L inclinée, soit vrai, il ne prouverait pas encore que toute l'église est du xii<sup>e</sup> siècle; car, le mur latéral, du midi, n'ayant pas comme celui du nord, une saillie d'arête aigue, de 10 ou 12 centimètres, dans toute sa longueur, mais seulement dans la moitié, il semble que l'autre moitié qui comprend un portail n'est pas du même plan, ni par conséquent de la même époque.

D'autre part, au sujet du château, Le Cœur (1) affirme que la forme cylindrique de plusieurs tours, indique assez que la construction est beaucoup plus ancienne que celle des châteaux d'Orthez et de Pau. Pour une de ces tours, la plus haute, ce jugement n'est pas sûr, car une légende — nous le verrons bientôt — oblige de la rapporter au xv<sup>e</sup> et peut-être au xvi<sup>e</sup> siècle. Mais le savant archéologue pourrait bien avoir raison pour deux tours plus petites placées sur la même ligne, façade nord ouest.

Aux nervures de la voûte, point d'arc brisé, ni dans l'une ni dans l'autre de ces tours. (C'est d'ailleurs le style des six voûtes en pierre de taille, qui restent au château.) Les portes ont un cintre surbaissé. A la plus haute de ces deux tours, au dessus du rempart, comme si la pierre de taille avait fait défaut pour son achèvement, on a mis des cailloux, sur une étendue de deux mètres carrés environ, et ces cailloux sont disposés selon l'ap-

(1) Promenades archéologiques en Béarn.

pareil roman, indiqué par Caumont (1), c'est-à-dire à l'instar des feuilles de fougère. Les fortifications de Bellocq ont commencé à s'élever, du jour où le passage du Gave, fréquenté depuis la période gallo-romaine, a été déplacé de 1000 mètres en amont, et fixé là où se dressait le pont emporté au XV⁰ siècle, c'est-à-dire près du pont et du bourg actuel, où de vieux chemins en conservent la trace. Quelle que soit l'époque de l'élévation des premiers travaux de défense, il est certain que le groupement des familles près de cet endroit, fut la conséquence des avantages commerciaux de la route, sinon d'un établissement de moines.

Un moyen de défense quelconque, pour arrêter les passants suspects étant donné le voisinage de la frontière française ou anglaise, s'imposa bientôt comme nécessaire, et l'idée put en venir à Gaston IV lui-même, qui au retour de la première croisade, après avoir conquis Orthez, pour se venger des déprédations des hommes de Navarrun vicomte de Dax, s'empressa, pour assurer sa conquête et protéger les biens de ses sujets, de construire deux tours au haut du mamelon de Salles-Mongiscard. Quoi qu'il en soit, le château de Bellocq n'est pas mentionné dans l'histoire avant l'année 1283, deux ans après l'acte connu d'affranchissement.

Après avoir proclamé héritier de Béarn, Roger-Bernard, comte de Foix, son gendre, parce qu'il avait répondu généreusement à son appel, en l'aidant de ses 500 chevaliers, à vaincre 20.000 castillans, tandis que le beau-fils d'Armagnac avait négligé de venir à son secours, Gaston VII réunit la Cour à Morlaas, et en présence de ses quatre filles, fait sanctionner ses résolutions par les chevaliers et les représentants des communes. Tout en léguant et inféodant ses domaines directs, il s'engage à maintenir libres les châteaux nécessaires à la défense du pays, tels que Orthez, Salies, St Boès, Bellocq, etc. (2).

En faveur d'une plus grande ancienneté de la place de Bellocq on peut aussi faire remarquer : 1° que les termes de l'acte de 1281, représentent une bastide déjà organisée et peuplée — als sons amatz et fizels, als poblants de la bastide de Begloc — 2° que Gaston VII leur accorde *leurs* franchises, comme si elles étaient

(1) Abécédaire d'Archéologie.

(2) Raconté par Raymon d'Ange, gardien des Cordeliers de Toulouse.

L. 5

déjà acquises, et qu'il s'agit seulement d'en renouveler et d'en jurer à nouveau le contrat bi-latéral.

Car de leur côté, les habitants de Bellocq, en retour de la protection assurée à leurs libertés et franchises, s'engageaient, les mains posées sur les saints Évangiles, *d'être de bons, fidèles, loyaux, et obéissants sujets, d'être prompts à défendre leur prince, lui, ses terres et son honneur, de tout leur pouvoir légitime* (1).

« Les premières villes édifiées sous le nom de *bastides*, dit Curie-« Seimbres, répondaient indubitablement à des vues militaires. Et « voilà pourquoi nous les trouvons pour la plupart sur les fron-« tières des provinces où il était utile de placer à demeure fixe, « des positions en état de défense. Celles-là avaient pour destina-« tion de former un point d'appui stratégique, pendant les violentes « collisions de la première moitié du xiiiᵉ siècle ; mais quand vint « l'apaisement, quand nos contrées eurent accepté la domination « de cette vieille monarchie, qui pour les masses populaires, joignait « au prestige lointain, l'avantage de représenter, ces idées encore « confuses, ces vagues instincts d'unité, et de recomposition en « un seul royaume national, alors les fondations plus récentes, « tout en gardant le nom de *bastides*, et en continuant à s'entourer « de retranchements et d'enceintes fortifiées, subirent moins l'in-« fluence des préoccupations de guerre, elles entrèrent dans un « ordre d'idées plus progressif. »

La vie communale, troublée sous les flots des invasions barbares, modifiée par le régime féodal, n'avait pas entièrement disparu du sol gaulois. Elle se conservait, surtout dans les vieux municipes romains, composés de négociants et d'artisans modestes, et dans les vallées des montagnes dont les conquêtes successives n'avaient pu altérer sensiblement la constitution primitive qui était une libre association d'agriculteurs et de pasteurs. Les seigneurs eux-mêmes, savaient au gré de leurs intérêts, la faire revivre dans leurs terres, mais c'étaient les grands seigneurs, les comtes et vicomtes, car les simples seigneurs de clocher n'avaient ni droit ni avantage, à cette réforme politique, qui leur enlevait l'influence locale, et diminuait leurs revenus.

A Bellocq, ce ne put être qu'un Vicomte de Béarn, seul proprié-

---

(1) Archives des Basses-Pyrénées E. 300 fol. 26. Serment d'Eléonore de Comminge, en sa qualité de mère et tutrice de Gaston Phœbus aux habitants de Bellocq. 20 Janvier 1343. Archives des B.-P. E. 300.

taire des terrains à mettre en valeur, ou tout au moins un prince de sa famille, seigneur de Sales peut-être, comme le veut M. Cadier, qui fonda *la bastide*, et en fit tracer les rues avec une souveraine intelligence. On sait que Gaston IV, le croisé, fondateur du monastère de Sauvelade, n'oublia pas, dans ses pieuses libéralités, les moines de Sordes, maîtres d'une partie des dîmes de Bellocq. Où pouvait bien être cette église de la Trinité qu'il bâtit, dit Cenac-Moncaut près des tours de *Montguiscard?* L'église de Salles-Mongiscard, sans aucun cachet monumental d'ailleurs, est sous le vocable de St-Laurent, tandis que le recensement des vieux feux de Béarn, découvre à Salies, *Sent Trinitat*, et que une métairie de M. Coulomme, sur la hauteur qui sépare Salies de Bellocq — Lou haut de la Trinitat — en conserve le nom et un reste de tradition. Etait-ce un couvent de Trinitaires, ou une simple chapelle de secours, ou un nom de quartier dans Salies? Quoi qu'il en soit, nous espérons prouver que si l'église de Bellocq ne peut pas historiquement être attribuée à l'illustre béarnais, soldat de la première croisade, un des plus grands architectes de son temps, à qui fut confiée la direction des machines au siège d'Antioche, d'après Guilhaume de Tyr, et le créateur de l'avant-poste de Mongiscard, cette église, du moins dans ses deux portails, reflète la dévotion qui lui était chère, celle de l'adorable Trinité. Bellocq devait être le dernier avant-poste, près d'Orthez, que Gaston VII le batailleur, qui bâtit le château de cette ville en 1250, fortifiera et développera en accordant des franchises et des privilèges. Après ces observations sur l'antiquité présumée des monuments et des maisons de Bellocq, nous allons montrer ce qui reste de la vieille Bastide ; et d'abord les habitations placées et alignées avec tant d'ordre.

Bâties le long de trois larges rues parallèlles, que coupent à angle droit deux autres rues et une ruelle intermédiaire, les maisons de Bellocq ont la forme particulière à l'arrondissement de Dax, la plus favorable pour loger beaucoup sur une moindre étendue, en mettant la famille et les animaux domestiques, entre les mêmes murs et sous le même toit, séparés par des couloirs et des murs de refend. La façade principale est toujours sur la rue, derrière la maison une très petite cour pour le fumier et les ébats des petites bêtes, le reste du rectangle occupé par le jardin, tel est l'emploi de l'une de ces places destinées aux habitations des bourgeois de *la bastide,* dont fait mention en 1520 le testament de Laussade.

Ces places rectangulaires, qui dans le cadastre ressemblent à des carreaux de jardin, coupé par des allées, sont d'inégale grandeur, selon l'importance des maisons, les familles aisées pouvant se payer un plus large espace ou ayant pu doubler plus tard leur façade, en achetant la place voisine. C'est ainsi qu'on voit, dans beaucoup de maisons, deux chambres ouvrant sur la rue, et séparées par le large couloir qui abrite les instruments d'agriculture, quelquefois même la façade plus allongée, sans que la construction s'écarte de la forme usitée autrefois; mais ces légères modifications, pas plus que quelques maisons du type moderne, n'enlèvent à la ville son vieux cachet de répartition uniforme et d'architecture gasconne.

Dans l'idée de son fondateur, Bellocq était appelé à un plus grand développement. Ce n'est pas au hasard, mais bien en vue de constructions nouvelles, qu'a été tracée parallèlement aux rues de la ville, le carré des *prés de Lescar*, formé d'un tronçon de la route de Salies et de trois chemins d'exploitation, au pied du côteau de *Phebus*.

Mais l'agrandissement de Bellocq, malgré les avantages de sa position, et l'éloignement d'Orthez et de Peyrehorade, a toujours été arrêté par le voisinage de Salies et la supériorité que lui donne pour nourrir plus de peuple, la source abondante d'eau salée. Le marché, remis en mouvement durant l'année 1885, est encore retombé à rien. Du temps des communications moins rapides, le commerce s'y maintenait, sans être prospère. Aujourd'hui quelques magasins, mieux pourvus que dans les autres communes rurales, sont les seuls avantages qui en restent : la population s'applique surtout à l'agriculture, où son travail est plus rémunérateur.

La halle a été reconstruite en 1885, sur le même emplacement qu'autrefois, mais elle demeure inutile. Dans le dernier siècle, le boucher y débitait sa viande, et, de ce chef, était obligé de la tenir proprement. Le contrat qu'il faisait avec la commune, et les conditions qui lui étaient imposées, de même que les prix de la viande à ces époques éloignées, sont dignes d'êtres sauvés de l'oubli. Nous copions à ce sujet, en les résumant, les procès-verbaux des années 1716 et 1717, conservés au cahier des délibérations municipales.

« A Bellocq, dans la maison commune, le 5 avril 1716, jour des
« Rameaux, estant assemblés les sieurs du corps de ville pour
« exposer et délivrer l'afferme de la boucherie du présent lieu,

« suivant l'usage, pour une année qui commencera la veille de
« Pâques et finira en pareil jour de l'année 1717, ce qui a esté fait
« aux conditions de l'année 1712, insérés dans le livre des délibé-
« rations de lad. année, desquelles a esté fait lecture, et ce après
« avoir fait faire proclamations de lad. exposition, auxquelles est
« adjouté que l'adjudicataire de la boucherie, sera tenu d'entre-
« tenir la halle et parquet d'icelle, d'en recouvrir les toits et réparer
« la muraille du côté de la maison et jardin du Layou, et celle du
« parquet, la porte duquel il sera tenu de réparer aussi, et fournir
« tout ce qui sera nécessaire pour les susdites réparations, sans
« qu'il puisse prétendre aucun remboursement, mais sera tenu de
« laisser lad. hale et parquet en bon état à la fin de son bail, aussi
« bien que les balances et poids appartenant à lad. communauté
« avec lesquelles il sera tenu de peser et délivrer les viandes, et
« après avoir réitéré la lecture des susdites conditions, a esté pro-
« cédé à la réception des offres, avec déclaration qu'il ne sera
« procédé à la délivrance qu'en le moins disant donnant bonne et
« suffisante caution, solutoire pour l'exécution et observation de
« ce dessus.

« Après l'offre de divers ne donnant pas des garanties suffisantes
« de solvabilité, c'est Rongan de Bérenx qui est reçu adjudicataire
« aux conditions susdites, et à la condition de faire la boucherie,
« *trois sols et demi la livre de bœuf,* et six sols et demi la livre de
« mouton. Jean de Pehau lui sert de caution ».

« Le 21 mars 1717, l'adjudicataire de la viande, *reçu au plus bas*
« *prix est le sieur Lesparre dit Rayrou* (1). *Il s'engage à la fournir*
« pour *5 sols huit deniers* la livre de mouton, *trois sols trois deniers*
« *la livre de bœuf*. Jean de Gérony donne caution pour lui ».

« Le 15 février 1717 le vin moût est taxé par le corps de ville
« pour les débitants à *2 sols 9 deniers* le pot, et au détail à pot et
« à pinte il a été taxé à 4 sols le pot, à peine de 50 livres pour les
« contrevenants. Défenses ont esté aussy faites de débiter du vin
« étranger à peine de 50 livres pour les contrevenants ».

Le bayle, en raison des fonctions de justice, qu'il remplissait en
même temps que le service municipal, devait être payé par les
amendes, car pour recevoir ces émoluments, il achetait sa place.

_____

(1) C'est comme une vocation de famille. De temps immémorial des
Lesparre-Rayrou continuent de faire la boucherie à Bellocq.

Maigres étaient ses revenus , car on trouvait difficilement des sujets pour cet emploi :

« Le 18 août 1717, en assemblée, la baylie ayant été proclamée
« une infinité de fois, sans que personne se soit présenté, elle a
« été délivrée à Jacob de Laugar-Lasbignasses pour une année qui
« commence le 4 avril dernier et finira en pareil jour de l'année
« prochaine, pour raison de laquelle afferme, il a promis bailler et
« payer *onze livres* payables, la moitié de jour en jour, et l'autre
« moitié au mois d'octobre prochain, ensuite de laquelle afferme
« ledit de Laugar demeure en droit de reconnaître tout ce qui est
« dû au bayle du lieu, et de se faire rendre compte à Caslou qui
« en a fait la fonction, en lui payant ce qui est accoutumé pour sa
« gestion » (1).

Une ville n'allait pas sans l'établissement d'une notairie : Bellocq en effet a possédé jusqu'à la Révolution cet officier public qui rédige les contrats, les transactions, et les autres actes volontaires, et en retient les copies ou minutes, pour servir en cas de besoin.

Notre histoire aurait beaucoup à gagner avec des documents de ce genre , mais malheureusement les archives des notaires de Bellocq n'ont pu être recueillies aux archives départementales ; on ne sait pas ce qu'elles sont devenues.

On désire naturellement savoir à quoi se réduisaient les franchises du for de Morlaas, octroyées ou renouvelées par Gaston VII en faveur des habitants de Bellocq. Elles consistaient à être exempts des droits de *péage*, de *pontage* et de *banalité*. A l'origine ces droits étaient fondés en justice. Il était juste que celui qui entretenait un bac dans ses terres, ou qui y construisait un pont, exigeât une redevance de ceux qui voulaient passer. De même le droit de banalité, que s'arrogeait le seigneur, en imposant à une commune l'obligation de venir moudre à son moulin. Il pouvait venir d'un contrat bi-latéral, stipulant des services mutuels entre le seigneur et le peuple qui lui réclamait aide et protection. Mais la tendance naturelle de chacun à exagérer ses droits, engendrait bientôt des abus que la législation devait corriger. Telle propriété seigneuriale pouvait ne venir que du droit de conquête, ou de l'usurpation des grands vassaux sur le roi, leur suzerain. Dès lors les droits des seigneurs étaient matière à contestations. D'autre part dans

_______________

(1) Archives municipales de Bellocq.

les contrats de la féodalité, les contractants s'engageaient de part et d'autre pour eux-mêmes et pour leurs descendants. Il semble que de telles obligations, assez douces lorsqu'elles avaient pour base l'intérêt des deux parties, devenaient une cause de violence dans le cas contraire : il y fallait donc une limite, c'était l'*affranchissement* par le tribunal supérieur du Prince, qui coupait court aux contestations, et rétablissait l'équilibre et la paix.

Les habitants de Bellocq savaient très bien à l'occasion faire valoir les droits qu'ils tenaient de la charte de Gaston VII.

Le 26 avril 1716, le sieur de Pilles, commandant de place, obtenait du corps de ville la permission de faire un moulin à côté du château. Mais de simples particuliers viennent se plaindre aux autorités municipales, disant que pour le tracé de son canal, c'est à tort qu'il veut faire passer pour nobles des biens ruraux, et entreprendre sur certains fonds appartenant à la communauté. De Pilles défend ses droits, assisté des sieurs de Paradges et de Lassalle, ses co-associés, et des sieurs de Coustaler, de Larrouder, de Camgrand et de Coulomme, de Salies.

On lui accorda son moulin (1), mais à la condition :

« Qu'il sera tenu de faire un pont sur le canal, vis-à-vis la plaine de la *Sauque,* dans l'endroit le plus commode et qu'il demeurera à jamais responsable de tous les dommages et inconvénients qui arriveront à cause de la dite bâtisse, et à la charge et condition expresse que le sieur de Pilles renoncera pour le présent et l'avenir au *droit de banalité,* sur les habitants dudit lieu, et que ni lui, ni aucun autre ne pourra l'avoir ni acquérir, ni directement ni indirectement pour ledit moulin, ni pour aucun autre, au préjudice de la liberté qu'ils ont et auront toujours, de moudre leurs grains où ils voudront ». « Signé : PÉFAUR, Maire. »

En 1654 un de Pilles, seigneur du château, offre 3 livres pour l'affièvement du passage de Bellocq. La chambre des comptes séant à Pau, proclame 4 livres le prix de cet affièvement, qui est accepté. L'adjudicataire veut faire payer le péage aux habitants de Bellocq comme aux étrangers; un procès s'ensuit, mais l'exemption accordée par Gaston VII est reconnue. Parmi les témoins qui

(1) C'est sur ce moulin apparemment que fut bâtie plus tard la maison appelée *la royale.* Un souterrain y indique la place des meules, et elle se trouve sur la ligne de terre déprimée, qui marque encore jusqu'à la *Sauque,* la place du vieux canal.

viennent déclarer la jouissance constante de ce privilège par les
habitants de Bellocq, figure un Laffitte, seigneur de Cassaber
depuis peu d'années, qui affirme cette jouissance, pour l'avoir vue
lui-même longtemps, avant de quitter sa commune d'origine. Le
procès-verbal de l'enquête révèle que Puyoo et Ramous jouissaient
du même privilège (1).

Ces exemples suffisent à montrer comment Bellocq savait user
de ses libertés et franchises communales. Nous avons vu aussi, en
parlant de la constitution de l'autorité municipale, que le peuple,
dans une certaine mesure, se gouvernait et s'administrait lui-même
en participant à l'élection des jurats. Il reste à dire qu'aucune
affaire importante, n'était réglée, aucun édit d'anoblissement
n'était rendu par le souverain, sans consultation solennelle, et
avis favorable de la communauté, assemblée tout entière dans la
personne des citoyens actifs.

Pour l'anoblissement de Pierre de Lescar (2), tous les électeurs
ou à peu près signent l'avis favorable, moyennant quelques réserves. Un seul ose venir dire qu'il ne faut plus de privilèges. D'autres
veulent que la volonté de Sa Majesté le Roi s'accomplisse. On y
consent, pourvu qu'il n'en résulte pas de préjudice pour les autres
citoyens.

Les maisons les plus remarquables à Bellocq, par leur cachet
d'antiquité, sont Lescar-Amadine, qui a abrité successivement les
deux familles ainsi nommées. On y voit, à l'extérieur, une grande
fenêtre à croisillon en pierre, et au dedans un escalier monumental
en bois. Ensuite Lassalle avec sa grande fenêtre géminée.
Pouyane-Micoulou, dont la façade sur rue, conserve le rinceau
d'une grande fenêtre qui a été aveuglée et remplacée par une petite
ouverture; Labaigt-Pommé relevée aussi d'une fenêtre géminée
et d'un colombier voisin; Tarres dont le portail, avec plein cintre
et des boules sur les montants, du style $xv^e$ siècle, montre néanmoins, à sa clef de voûte, le millésime plus récent de 1710. On y
lit aussi cette inscription : « Au nom de Dieu, Abel et Pierre Tarres,

______

(1) Archives des B.-P. E. 2195.

(2) Archives de la famille de Lescar. Le titre de noblesse proposé
récompensait des services publics; (Pierre de Lescar était colonel de
cavalerie). Il devait être attaché à la maison et à une petite étendue
de terre, désormais exempte d'impôts. Les nobles payaient comme
tout le monde, pour les autres terres.

père et fils. Domus nostra probis patet. » (Notre maison est ouverte aux honnêtes gens).

Autre particularité digne d'attention : la maison Houx-Larrouder, autrefois Sourb, présente au dessus de son portail un chien à grosse tête dans l'attitude de la course. Que fait-il là ce quadrupède ? Pour le deviner, il faudrait le rendre au groupe de reliefs dont il a été séparé, car il semble bien que ce sujet, pour être utilisé à cette place, a été ramassé dans les matériaux de démolition d'un vieil édifice, d'un couvent, c'est à supposer. Sous cette forme peu aimable, le chien fait penser au tentateur qui poursuit méchamment les âmes.

Il faut signaler enfin la petite figure qui se dessine sous un corbeau de la maison Tartas-Goazen, en face de la porte de l'église. C'est un personnage entièrement nu qui se jette la tête en bas. Ce ne peut être que l'image de Lucifer, ou d'un damné quelconque, dépouillé en punition de sa révolte, et précipité en dehors du fondement solide de la pierre. On sait que dans l'architecture, les saillies en pierre, en fer, ou en bois, dénommées corbeaux, soutiennent fermement les poutres, et par elles des planchers intérieurs, ou des toits qui s'avancent à l'extérieur des murs. On fait aussi reposer sur eux la charpente des voûtes dans les églises. L'image en question, déplacée dans une maison particulière, a sa raison d'être dans une église ou dans un couvent, où elle doit rappeler les dangers et les suites épouvantables du péché, qui fait perdre pied et glisser dans l'abîme. Voilà pourquoi nous inclinons à croire qu'elle n'a pas été sculptée sur place, et qu'elle vient plutôt d'un monument religieux disparu. Pour le sens de cette posture et de cette nudité, nous n'entendons émettre qu'une opinion, car ce relief pourrait tout aussi bien être l'œuvre d'un maître carrier, s'essayant à reproduire une nudité païenne de la Renaissance. Le personnage en question est d'ailleurs dans l'attitude d'un homme qui se jette dans l'eau pour se baigner.

VI

## BELLOCQ — SES FORTERESSES

Le fossé naturel du Gave, qui enferme à moitié le château de Bellocq dans un méandre, et, de sa large nappe d'eau, protège la ville du côté de Puyoo et de Ramous, rachetant le désavan-

tage d'une position enfoncée, ne fut pas la seule raison pour y
établir des moyens de défense. Avec Mongiscard qui dresse plus
haut, à quelques milles et sur la même rive, son pic majestueux,
l'emplacement de la future ville, à côté de la frontière, apparut un
avant-poste utile à peupler et à fortifier. Un autre motif qui lui
attira cette faveur de nos princes, fut celui de surveiller et d'arrêter
l'ennemi dans ce lieu de grand passage. Pour cela, il fallait un
homme fidèle à son souverain et tout à la fois habile dans l'art militaire, sachant commander quelques soldats de profession et exercer au besoin, en cas d'attaque imprévue, les bourgeois eux-
mêmes à se défendre. On l'appelait le Commandant de place, ou
Gouverneur de la Ville, dont il gardait les clefs pendant la nuit.
Nous avons eu la bonne fortune de trouver le serment de l'un
d'entre eux ; le voici tel que nous avons pu le lire avec le concours
bienveillant de M. l'abbé Dubarat :

« Sappien los totz quy las presentes verran et leyr audiran, que
jo Pierris de Laussade reconnechy et confessy que thiencq en
goarde et commande de très haud et très excellent prinz Henric,
per la gracy de Diu, rey de Navarre et seignor soviran de Béarn,
lo castet de Belloc en lo présent pays de Béarn, loquau ey prométut,
jurat, promety et juri sus lo corps sanct precios de Diu, lo capéran
disén misse (1), et aquegt thienen enter sas mas, et sus ma fé et
part de paradys, goardar bien et leyaument, et qué no la vaillaré
et deliuraré à degune persone, deu mon vivent, sino à la persoune
deud' seignox, et, à cas Diu fesse commandament de luy, à son
legitime successor, et no à degun autre, et que no laxara entrar,
en lod' castel degune personne, quy agos major puyssance et poder, que jo; non obstant totes letres autreyades o a d'autreyar,
promety et jury en la forme que dessus, que à cas Diu fesse son
commandement de my, thenent lo care et goarde deud' castet de
Belloc, et que lod' seignor no y agosse ordénat, que jo baillaré

(1) Préter serment *sur le corps saint précieux de Dieu, pendant que
le prêtre dit la sainte Messe et tient en ses mains l'Hostie consacrée,*
fut un usage bon à rappeler, comme celui de jurer sur les Saints Evangiles et sur les Canons de l'Autel. S'il est vrai que les coutumes tradi-
tionnelles d'un peuple sont le miroir fidèle de ses idées, de ses croyan-
ces et des sentiments qui l'animent, la forme religieuse de ce serment,
en plein XVI<sup>e</sup> siècle, découvre à merveille la forte trempe du tempé-
rament catholique des béarnais. Aussi les verra-t-on dans le siècle
suivant, quitter avec entrain l'hérésie calviniste, que la violence d'un
pouvoir tyrannique fit trop longtemps peser sur eux.

tal castet à tal persounadge loquau pensaré advis en ma conscience,
que sia plus fidel aud' seignor; empero abanz que lod' castet no
liuraré si no suy perbengut de la mort, faré prouméter et jurar, ad
tal dit persounadge, de goardar lod' castet per la medix forme, ma-
nere et condition que jo ey feyt lod' ségrament, et sus las pénes
quy dejus partz, son declarades et contengudes, et quy révélaré
l'estat et infirmitat de ma persoune aud' seignor; losquaus causes
et chascun dequeres en présency deus testimony dejus escriuts,
promety et jury en la forme que déjus escrit, thénir goardar et
accomplir de punt en punt, sus pene de estar faux et mauvez tra-
hidor et esperjurat per totes las partes on seré atteint et trobat, et
hanar et suffert la péne quy de dret un trahydor counegut, et at-
tent de crime de leze-majestat et trahissio, deu passar et suffertar,
de la que péne et trahissio no me pusque excuzar per gadge de
bataille, no autrement en degune maneyre, abanz veu que tote
audience m'en sie denégade, per dabanz tots judges ecclesiasticx
et seculars, en testimony de las causes susdites, et de chacune dequeres, jo susdit de Laussade, ey feyt escribe dues letres d'une
medix thenor, partides per A. B. C, de lasquaus la une ey estade
vaillade aud' seignor, et l'autre à my, las totes signades de ma
propry man et deu secretary jus signat, a que so pendent jo per en
Diu Mossen Jacques de Foix evesque de Lascar, abbat de Foix et
de Larreule, Chanceler de Foix et Béarn, et loctenent général per
lod' seignor soviran de Béarn, récébent, acceptant, tout jurament,
et Maestre Bernard de Bailler, procurayre général per lod' seignor
soviran de Béarn, lasdites pénes stipulant, et présents testimonys
adaqui apperatz, M. Pierre Bonnefont, Conseiller deud' seignor
soviran, M. Bernard deu Faur, jurat de Pau, auditor de la Crampe
de Comptes de las finances deud' seignor, Mᵉ Bernard de Sorbério,
jurat de Lescar et advocat en las cortz deu consistory, deud' seignor et sénéchal de Béarn. — Feyt au dedens de la glize cathédral
de Lescar et au debanz l'autar de S. Galatory, de maty, célébrant
lo divin offici Mossen Joan de Lescriban lo 21 jorn deu més de
may 1542, axi signat. » — « LAUSSADE. » (1).

Pour compenser encore le désavantage du bas-fond dans une
ville forte, Bellocq pouvait combler d'eau ses fossés, soit en dé-

_______

(1) Arch. des B.-P., B 806. — Un château existait déjà à Bellocq en
1289, puisque Gaston VIII le laisse en garde, dans son testament, à
Loup-Bergon. *Arch. B. P.*, E 293.

tournant une partie de l'eau du Gave, soit en utilisant au moyen d'écluses (1), une source abondante qui remplit toujours celui du midi. Que toute la ville ait pu devenir autrefois, en cas de besoin, une île parfaite, c'est possible, mais nous n'osons pas l'assurer, à cause de la différence trop grande de niveau à l'heure actuelle. Toutefois il est d'expérience, que le Gave creuse toujours plus profondément son lit par la force de son cours très rapide. Pour le Château du moins, cette ceinture liquide ne fit pas difficulté ; on en voit encore la preuve certaine.

Des chaussées en terre, surplombant les fossés, furent les seuls remparts de la ville ; il n'y a pas, en ce genre, le plus petit reste de construction en maçonnerie. Deux bastions seulement, et dans chacun d'eux une assez haute tour d'observation, commandent la ligue du fossé méridional. On les voit encore dans les maisons Lescadeutrouil, occupée par la famille Sarrabère, et dans la maison Boileau-Séré. La forme ronde de ces tours, fondues avec le reste de la maçonnerie, y est à peine dissimulée. Dans la maison Boileau surtout, les murs sont d'une épaisseur peu commune. Une vague tradition porte que là aurait été la poudrière. Entre cette maison et le mur de clôture du jardin de Maury, un étroit passage de un mètre, ouvrant sur le fossé, a conservé le nom de *pustelle : petite porte* apparemment. Il y en a un semblable le long de la maison Lescadeutrouil.

Le portail de la ville du côté ouest, près de la place, était devant la maison Laulher-Changuet. Presque en face, la maison *Pourtau*, qui abrite la famille Cabé, en conserve le souvenir.

Du côté est, le portail était près de Boileau-Hourbaigt : la trace en reste dans les fossés qui d'en bas par le jardin de Palé et d'en haut par la cour de la maison Chanda, convergent à cet endroit même. Les maisons nombreuses de *Lasbordes* et du *Vialer*, qui des deux côtés allongent la vieille ville, ont été construites plus tard. L'église elle-même avec ses murs épais et son clocher bâti en forme de donjon, percé de trois meurtrières sur une même ligne verticale, servait de rempart, ou plutôt allongeait le front protecteur de l'enceinte du château, dont elle est à peine séparée.

(1) La maison Palé, de *Pala* qui veut dire écluse, rappelle par son nom la place des écluses, ou l'habitation de celui qui les gardait et les faisait fonctionner au besoin.

Cette enceinte est de forme assez irrégulière, approchant du rectangle, relevée à l'entrée principale d'un donjon carré, et flanquée autrefois de six autres tours, réduites aujourd'hui à cinq, le tout remarquable par la variété des dimensions et du style d'architecture.

Dans cette masse imposante de grandeur, malgré ses ruines, deux tours se distinguent par leur forme carrée, au milieu de quatre autres cylindriques. Elles occupent les deux extrémités de l'axe et s'ouvrent au dedans et au dehors. L'une d'elles, le donjon qui commande l'entrée en face de la ville, coupe le rempart auquel il sert de trait-d'union, et ressort à l'intérieur, quoique la saillie extérieure soit beaucoup plus considérable. On entre tout droit, dans sa partie supérieure, en marchant sur la courtine. On entre aussi, en marchant droit devant soi, dans la partie supérieure de l'autre tour carrée, mais elle ne ressort pas à l'intérieur. Les autres tours cylindriques, outre leur forme, ont ceci de commun, que la porte supérieure est tournée vers l'enceinte et que dans le chemin de ronde il fallait se détourner pour y entrer.

La porte du nord, sorte de poterne ogivale, encadrée dans un vieux portail muré, de même style, est un indice entr'autres, que le plan primitif de la forteresse a été modifié. On incline à croire que c'était là, tout d'abord, la porte principale, et que du nord on l'a ensuite transférée au midi. Sous ces deux tours, le plein-cintre et l'ogive sont associés. La plus petite, celle du nord, a une voûte en tonnelle, sans nervures. Celle du midi, la principale, a la sienne soutenue par deux arcatures croisées, sans tiers-point, d'arête plus ou moins aiguë, reposant sur des modillons à tête humaine, qui lui donnent un caractère à part. La place de la grille hérissée de pointes de fer, ou herse, se reconnaît aux rainures verticales de chaque côté, et en haut, au vide d'une claire-voie par où elle était descendue. Une seule barbacane du porche est conservée. Sur le fossé attenant, des combles remplacent le pont-levis. En haut, des consoles superposées, marquent la place du machecoulis. Au-dessus de la voûte à l'intérieur, il y a place pour trois étages de petite hauteur, dont deux lignes de corbeaux mesurent les dimensions. On arrivait au dernier étage, et par là, à la galerie extérieure du mâchicoulis, par un escalier percé dans le mur, à l'est et au nord, entièrement conservé jusqu'à ce jour. Au lieu de meurtrières, deux étroites fenêtres de forme rectangulaire, l'une d'elles coupée par un meneau horizontal, donnaient la lumière et la vue du côté de la ville et en rendaient les chambres assez habitables pour des hommes de guerre.

Viollet-le-Duc fait honneur à Olivier de Clisson, connétable de France en 1380, sous Charles VI, d'avoir imaginé de mettre l'entrée des châteaux-forts dans une tour et même au milieu d'un pont et non plus dans une courtine. Notre grande tour carrée pourrait donc dater simplement de la fin du XIVe siècle, ou du commencement du XVe et être l'œuvre du même prince qui bâtit la tour carrée de Montaner, Gaston-Phébus, souverain illustre par sa valeur, sa générosité et les bâtiments qu'il éleva, et dont un quartier de Bellocq conserve encore le nom.

On aurait peine à croire, en effet, que ce prince tant dévoué à la France contre l'Anglais injuste détenteur de notre sol, eut negligé de fortifier ce poste avancé sur la frontière de Guienne, supposé que l'œuvre ne fut pas achevée de son temps, car dès le XIVe siècle, Bellocq jouissait déjà des faveurs de la Cour, qui aimait à y résider pour sa villégiature d'été.

Les autres tours rondes, eu égard à leurs formes, pourraient encore être classées du XIIIe siècle. Voici ce que dit Viollet-le-Duc à leur sujet : « Un des caractères particuliers aux châteaux de la « fin du XIIIe et du XIVe siècles, c'est l'importance relative des « tours, qui sont, sauf de rares exceptions, cylindriques, d'un fort « diamètre, épaisses, hautes et très saillantes en dehors des cour-« tines, de manière à les bien flanquer (1) ».

De Caumont dit aussi : « La forme cylindrique prévalut pour les « tours d'enceinte comme pour celle des donjons; les architectes « du XIIIe siècle se sont montrés fort habiles. Au XIIIe siècle, le « donjon carré, quand il a été préféré, est plutôt une tour d'obser-« vation qu'un bâtiment d'habitation (2) ».

Les engins d'attaque s'étant perfectionnés pendant le XIIIe siècle, on avait jugé nécessaire d'augmenter le diamètre des tours, de de faire leurs murs plus épais et de rendre leur commandement très puissant. Les tours rondes, en faisant glisser les projectiles, devaient les rendre plus inoffensifs et leur force répondait aux besoins de cette époque reculée; mais il ne faut pas néanmoins oublier ce que dit de Caumont (*Architecture militaire*, p. 576). Il

(1) Tome III. Château, p. 139.
(2) Architecture militaire, 3e édition, p. 485.

croit devoir formuler une réserve, et comme M. Anthyme S¹-Paul dans le *Bulletin monumental*, tome XXXII, il reconnaît que pour les Pyrénées, grand nombre de ruines féodales de cette région ne datent que du XIVᵉ siècle, bien qu'on leur ait attribué autrefois des dates plus reculées ; que jusqu'à la fin du XIIIᵉ siècle, et même beaucoup plus tard, ces monuments portent comme dans beaucoup de contrées du midi de la France, l'empreinte des traditions romanes ».

Quoi qu'il en soit, les tours, les mâchicoulis et les encorbellements sont à Bellocq du XIVᵉ siècle et d'un temps postérieur, car dès cette période on remplaça par ces lourds obstacles les couronnements légers de crénaux et merlons, que les nouveaux projectiles de la poudre à canon faisaient voler en éclats.

Ce n'est pas à dire que les tours carrées aient entièrement été délaissées. « A la fin du XIVᵉ siècle, dit Ed. Corroyer, Gaston Phébus, comte de Foix et de Béarn, construisit des donjons carrés à La Bastide de Béarn, à Montaner, à Mauvezin, à Lourdes, et à Foix un donjon circulaire (1) ».

« A Montaner, raconte l'abbé Marseillon, le château était bien vieux du temps de Gaston Phébus. Il n'y avait alors qu'une tour peu élevée au nord. Gaston voulut qu'il y en eut une seconde, au midi, beaucoup plus haute que la première et construite à l'*instar* de celle de Pau (1375) (2) ». Elle forme un carré de treize mètres. Elle renfermait cinq étages auxquels on montait par un escalier en limaçon (3) ». Le donjon de Bellocq n'est pas aussi haut ni aussi vaste, mais dans le but du constructeur il devait pouvoir loger des hommes.

Si nous étudions les tours rondes, qui sont au nombre de trois, à gauche, sur la façade ouest, une légende traditionnelle, va jeter un peu de lumière sur leur origine, sans toutefois assigner un temps précis à leur fondation. C'est de la plus grande qu'on dit de père en fils : « *Elle a été faite par Jeanne d'Albret, pour ceux de Lahontan, plus haute que les autres, afin qu'ils la vissent et qu'ils s'en souvinsent !* »

Est-ce bien Jeanne d'Albret qui a pu bâtir cet ouvrage colossal ? Elle a de trente à quarante mètres de hauteur. La voûte est sou-

(1) Architecture militaire, p. 291.
(2) Histoire du Montanarez, p. 23.
(3) Ibidem, p. 26.

tenue par sept rayons de nervures concentriques, en plein cintre.
Rien n'y manque pour la rendre très forte, ni l'épaisseur des murs,
ni les consoles du mâchicoulis. L'escalier percé dans le mur, allait
du second étage jusqu'au quatrième. La vie de la mère d'Henry IV
fut trop agitée et trop courte, cette reine demeura trop peu de temps
au milieu de son peuple, pour qu'elle aît pu entreprendre de fortifier ce point, lorsque l'invasion française, qu'elle avait déchaînée,
menaçait toute l'étendue de sa souveraineté de Béarn. Il est vrai
qu'à cette époque Lahontan restait catholique en face de Bellocq
lancé dans les nouveautés doctrinales de Luther, et que les haines
s'allumaient des deux côtés. Mais l'état de guerre entre ces deux
communes datait de plus loin, entre partisans de la France et de
l'Angleterre. La grande tour se rattacherait donc plutôt à quelqu'un
des drames de la guerre de Cent ans (1). On sait d'ailleurs, que
des maisons à Salies, et à Orthez, portent le nom de Jeanne d'Albret
quoiqu'elle ne les ait pas construites mais héritées seulement ou
tenues en jouissance.

La grande tour ronde serait par conséquent du xvᵉ siècle.
A l'appui de cette opinion, on a le cintre surbaissé à la porte d'en
bas. Celle qui domine le rempart est de forme rectangulaire, et
l'arcature qui soutenait le chemin de ronde est un plein cintre.
Tout cela indique le retour au style roman, après les xiiiᵉ et xivᵒ
siècles.

Arrivons maintenant aux deux autres tours voûtées chacune de
six nervures, dont Le Cœur (2) a dit qu'elles demandent une étude

(1) Dans le tome 106 des manuscrits d'Ohiénart, dit M. Curie-Simbres
(p. 75, 76, 77), on trouve des enquêtes ordonnées par le roi de France
et le roi d'Angleterre pour constater des usurpations dont chacun
aurait été victime par la construction des *Bastides*.
Une enquête anglaise reproche à Marguerite Comtesse de Foix et
Vicomtesse de Béarn, la construction de Labastide-Villefranche sur
la partie de ses états qui confrontait avec la Basse-Navarre, le duché
de Gramont et le duché de Guienne, non loin de Came et de Labas-
tide-Clairence. Dans deux de ces enquêtes les témoins déposent, qu'au
moyen de sa *bastide*, la dame de Béarn envahissait les terres voisines,
appartenant au roi d'Angleterre, et que c'est pour cela que le Sénéchal de Gascogne, Jean de Hastings, fondateur de la bastide de ce
nom, avait voulu détruire cette bastide rivale de Villefranche. Nul
doute que les Anglais de leur côté, par mesure de représailles, ne
fissent des incursions sur les terres de Béarn, ce qui explique la construction de cette tour à Bellocq, pour inspirer à Lahontan une crainte
salutaire.
(2) Promenades archéologiques en Béarn.

spéciale, parce que leur forme ronde semble devoir les placer à une époque plus ancienne que les tours de Pau et Orthez. On y entre aussi par une porte à cintre surbaissé, semblable à celle de la grande tour, ce qui fait penser que les trois sont de la même période. Une des deux néanmoins a un cachet à part. Dans sa partie supérieure, elle est couverte de pierres minces, en forme de calotte sphérique. Au dessus de l'entablement reposait une couronne de ces pierres, placées en visière, pour écarter l'eau des murs. Une fenêtre tournée vers Salies, en est encore protégée. C'est la fenêtre à laquelle aboutit l'escalier percé dans le mur et partant de la fenêtre par laquelle on entrait dans l'étage supérieur, en venant par le chemin de ronde.

Cette tour, plate à l'intérieur de l'enceinte, présente dans un encadrement en pierre de taille aux deux angles, une surface carrée de maçonnerie, moitié construite en moëllons, moitié avec des cailloux disposés selon l'appareil roman, c'est-à-dire en forme de feuilles de fougères ou d'arètes de poisson. La fenêtre d'entrée, qui est au milieu est la seule de son espèce dans tout l'ensemble. Elle est formée par une pierre horizontale, droite, reposant sur deux colonnes d'ordre dorique, les chapiteaux moitié libres à l'intérieur, et moitié enchassés dans le mur à l'extérieur du cadre. Ce style grec est-il de la période romane $xi^e$ et $xii^e$ siècle, ou de sa renaissance au $xv^e$ siècle ? Il est difficile d'en décider d'une manière absolue. Ce luxe de constructions à Bellocq, durant le $xv^e$ siècle, s'explique bien par les faveurs signalées de la Cour de Béarn pour ce poste, et nous inclinons pour la seconde opinion.

Les nervures dans toutes ces voûtes, sont taillés à pans coupés, de cinq faces, et dans la forme aiguë qui caractérise la même époque du $xv^e$ siècle, ou les temps voisins.

Enfin la tour ronde de l'angle nord-est, percée à l'intérieur de l'enceinte, d'une porte ogivale, murée depuis peu d'années, du côté nord, de deux meurtrières, d'une fenêtre à l'est vers Mongiscard, d'une fenêtre au sud-est vers les côteaux de Salies, dont la forme rectangulaire indique l'origine plus récente, se distingue principalement par l'escalier qui descend vers l'eau du gave. C'est par là, apparemment, que les assiégés, la place une fois prise, devaient s'échapper en barque ou à la nage. On ne peut s'arrêter à cette idée, qu'il y ait eu là un tunnel pour cette fin, à moins que le gave, en se déplaçant ne soit venu en fermer l'entrée. La profondeur de l'eau, à cet endroit, où quelque corps de noyé n'aurait pu autrefois être retrouvé, dit-on, n'en est pas une preuve suffisante.

Cette tour a été particulièrement ravagée, en haut par une large brèche, en bas par une grande ouverture et l'élargissement des meurtrières, pendant l'année 1621. Une autre brèche à côté, du haut au bas de la courtine, quelques trous çà et là, tout un pan de mur abattu à l'ouest, sont la preuve de la terreur qu'à cette date encore, les protestants inspiraient aux catholiques, et du besoin de les contenir dans de justes bornes, en les empêchant de reconstituer leur puissance militaire.

Je ne parle pas de la septième tour, les débris qui apparaissent dans le lit du gave, ne permettent pas d'en déterminer la forme.

Une dernière remarque au sujet des courtines. A la surface supérieure elles sont beaucoup plus étroites qu'à Montaner, ce qui dénoterait chez elles plus d'ancienneté que dans les tours.

La construction des nouvelles tours et la transformation des anciennes, dut recevoir une impulsion vigoureuse sous les règnes de Gaston-Phébus (1343-1391) et de Gaston XI (1436-1472). On connaît les sentiments de Gaston-Phébus à l'égard des Anglais. S'il refuse l'hommage au roi de France pour le Béarn, pays de souveraineté indépendante, ce qui lui valut d'être enfermé à Paris au Châtelet (1), il n'est pas moins énergique pour décliner tout serment de vassalage à l'égard du roi d'Angleterre, bien que sa puissance menace ses états de divers côtés. Sa fière devise : « *Touches-y si tu oses* » dépeint sa valeur guerrière, et son noble courage. Les Anglais possesseurs du Bigorre, par le traité de Brétigny, coupent la communication entre ses domaines de Foix et de Béarn ; en 1362 il les poursuit jusqu'à l'Ile-en-Jourdain et les met en déroute, C'est lui qui bâtit le Château de Pau. Plus glorieux que lui Gaston XI réunira ses armes à celles de Charles VII, pour chasser les Anglais de Guienne et de la Gascogne. Il fut même chargé par le roi de France de diriger les travaux du siège de Saint-Sever, de Dax et de Bayonne qui étaient défendus par de fortes garnisons anglaises. Après un siège de quelques semaines, ces trois villes ouvrirent les portes aux assiégeants et les Anglais furent chassés du littoral et de la Gascogne.

Mais c'est bien avant le règne de ces princes que Bellocq apparaît

(1) Il fut bientôt délivré et reçut mission de combattre les Anglais.

dans l'histoire comme un poste militaire important (1). En 1254,
peu après la construction du château d'Orthez (1250) et avant l'acte
mémorable de Gaston VII, cité plus haut, Gaston de Béarn réunit
à Bellocq, racontent quelques chroniques, un corps d'ennemis des
Anglais ; et se mettant à leur tête, il eut la hardiesse de vouloir
s'emparer de Bayonne. Le succès ne répondit pas à son courage, et
ses hommes chassés par les Anglais, se réfugièrent dans la chapelle
d'Abet (2).

Nous ne connaissons pas beaucoup de noms de commandants de
place à Bellocq ; il est vrai que cette charge passa plus d'une fois
de père en fils. Nous avons vu Pierre de Laussade en 1542. En 1569,
c'est Olhagaray (3), le père de l'historien du Comté de Foix, qui, à
l'approche de l'armée catholique, avait fui avec tout le peuple, à
Bidache, sous la protection du duc de Gramont.

Après les troubles religieux du xvi⁰ siècle, le 28 novembre 1616,
sont enregistrées les lettres de provision du sieur de Pilles, capitaine du château de Bellocq, aux gages de 20 petits écus (4).

La famille de ce nom conservera cette charge à des titres divers,
jusqu'à la Révolution française.

« Le 12 juillet 1621, est vérifiée, en la Chambre, la déclaration de
Sa Majesté, portant don, en faveur d'Abraham de Pilles, de Bellocq,
tant des pierres et matériaux de la démolition du château, que du
fort et propriété de la place, enceinte et fossés du château, ensemble
d'une pièce de terre labourable appelée le Vergeron, pour du tout
jouir comme de sa propre chose et le tenir noblement, avec faculté
d'entrée aux Etats, laquelle vérification est octroyée à la charge
que ledit de Pilles ferait démolir le château et forteresse à ses
dépens, en telle façon qu'*il ne peut préjudicier à Sa Majesté, ni au
public* « (5).

D'après la *Revue de Gascogne,* année 1881, p. 333, le commandant
de Pilles, ne voulant pas se charger de l'exécution de cet arrêt, le

(1) Des clôtures provisoires, même en bois, ont pu précéder les
ouvrages actuels en pierre de taille.

(2) Dans ces temps réputés barbares, l'église était un lieu inviolable,
où l'on pouvait se soustraire à la vengeance de ses ennemis : le glaive
de l'excommunication, arrêtait les armes meurtrières.

(3) Communication bienveillante de M. Louis Batcave.

(4) *Bulletin de la Société des sciences, lettres et arts* de Pau, tome 16,
p. 131. Extrait du registre de la Chambre des Comptes.

(5) Extrait du registre de la Chambre des Comptes. *Ibid.*

château fut démantelé en son absence, durant une période de 15 jours, par une compagnie du lieutenant du Roi, le seigneur de Poyane. C'était en 1621.

Date fatale pour la gloire militaire de Bellocq ! Le château déjà reconnu peu utile à la défense du pays, par suite de l'accession de Henri IV au trône de France, et la suppression de la frontière voisine, est démantelé par ordre de Louis XIII, parce que les circonstances en ont fait un danger pour la liberté religieuse des catholiques. Les protestants armés contre les édits royaux, et vaincus à grand peine par le lieutenant de Poyane, avaient rendu nécessaire, le démantèlement des châteaux dans tout le Béarn.

La charge du commandant de place, à Bellocq, ne sera guère plus qu'un titre d'honneur. Le titulaire se consolera de l'emploi disparu, en ayant rang de noblesse, et entrée aux Etats généraux de la province.

Tandis qu'à Montaner le roi entretenait encore en 1644 une morte-paye de 25 hommes, sous un gouverneur (1), nous n'avons pas de document qui prouve qu'il en fût de même à Bellocq.

Nous savons seulement que c'était une coutume inviolable en la souveraineté de Béarn, de ne permettre qu'aucune armée passât sur ses terres sans payer les dépenses et qu'en cas de menace de guerre tous les châteaux ou places de la Vicomté étaient pourvus d'un grand nombre de défenseurs irrégulièrement organisés. Le service militaire en Béarn n'était obligatoire, que trois fois par an, pendant neuf jours, dans les limites du pays, jamais en Espagne. Alors les armées se composaient surtout de volontaires. Pendant le xve siècle cette organisation ne se modifie pas. Alors qu'en France la formation d'une milice permanente vient changer complètement le régime militaire, en Béarn, la force armée continue à résider dans quelques détachements de police gardant les villes et les bourgs principaux, et *dans l'appel de tous au moment du danger* (2). L'annexion à la France au xviie siècle, amena l'organisation plus régulière des bandes béarnaises.

Dans cette organisation Bellocq dépendait de la Compagnie des Laignerot, assemblée à Castetbon, et fournissait 16 soldats dont

(1) *Etudes historiques et religieuses du Béarn*, Voyage de M. Léon Godefroy, publié par M. Louis Batcave, Juin 1899.

(2) Bulletin de la Société des lettres, sciences et arts de Pau, 1890-1891, organisation des bandes béarnaises, p. 123-124.

4 piquiers. (*Bulletin de Société des sciences, lettres et arts* de Pau, tome xx (1890-1894.)

Les démolitions du château, une fois commencées, furent arrêtées à point, par ordre du roi, dès l'année suivante : car on lit aussi dans les Actes de la Chambre des Comptes (1), à la date du 21 novembre 1622 : Enregistrement et vérification de la déclaration de Sa Majesté, portant décharge en faveur du sieur de Pilles, d'une démolition plus grande du château de Bellocq, sur un certificat de maître Poyaru ».

Le temps avec ses alternatives d'humidité et de sécheresse, de chaleur et de froid, joint aux poussées du gave qui mine sans cesse à la base, dans le côté est, se chargea de détruire le reste, mais son action heureusement est lente sur des pierres bien cimentées.

Après la chute de la septième tour en 1740, la demeure des princes elle-même, où logeait le commandant de Pilles, parut menacer ruine au point de l'effrayer. C'est sous l'impression de ce sentiment qu'il fit bâtir tout près, la maison appelée *La Royale*, monument remarquable par les trois fleurs de lys finement sculptées, qui ornent le dessus de la porte, avec la date de fondation 1775, et par ces quatre vers qui suivent, témoins à la fois de la culture d'esprit, et de la ferveur royaliste de son fondateur :

> Dans ce roc, et du roc qui n'était qu'un dédale,
> J'ai fait cette maison l'ornement de ce port.
> De même que ma barque elle a le glorieux sort,
> D'avoir l'auguste nom de Madame royale.

Madame Royale était alors Marie-Antoinette, princesse de la maison d'Autriche, épouse de Louis XVI en 1770, montée sur le trône avec lui depuis un an à peine, femme bien digne de l'admiration et de l'amour du peuple français, si les circonstances lui avait permis de connaître la noblesse de son caractère et l'héroïsme de sa charité chrétienne. Elle ne devait être reine que pour subir les plus grands malheurs, emportée avec le roi son époux et tant d'autres innocentes victimes sur les flots sanglants de la Révolution.

Le maître de *La Royale* vécut assez pour voir s'évanouir tant de belles espérances, et pour assister à la perte de ses privilèges nobiliaires. Le 4 brumaire, an III de la République, Mathieu Testevin et Pierre Amadine, le premier parent et l'autre voisin du comman-

(1) Bulletin de la même Société, tome 16, p. 161.

dant de place, Paul de Pilles, déclarent à la mairie qu'il vient de mourir à l'âge de 80 ans, dans la maison appelé *Royale*. Il n'était pas marié, en lui s'éteignait cette noble famille, qui eut un passé de gloire incontestable.

D'un *adveu* et dénombrement de 1622 il ressort : 1° que Louis XIII fit don du château de Bellocq et dépendances en faveur de Abraham de Pilles en reconnaissance des services qu'il avait rendus à Henry IV son père et prédécesseur ; 2° que ces lettres de faveur furent confirmées par celles que le roy accorda en 1622 audit Abraham de Pilles capitaine, par lesquelles il le décharge de la démolition dudit château (1).

En 1754 noble Jean-Paul de Pilles, dans son « adveu et dénombrement par devant Nosseigneurs du Parlement, chambre des Comptes, aides et finances de Navarre, parle de son château de Bellocq, des six tours, dont plusieurs ont des pignons, de la septième tombée dans le gave en 1740, et enfin de quatre arpents de terre, le tout exempt de fiefs et de tailles, pour raison desquels droits, il doit au Roy son souverain seigneur, à chaque mutation foy et hommage, de la redevance d'un fer de lance doré, et le service personnel en guerre ». Cet acte est signé, de Pereuil jurat, Mesplez jurat, Duhaut jurat, et Destandau bayle royal (2).

Le château de Bellocq, autrefois propriété privée de la famille de Pilles, sauf la redevance susdite qu'elle payait au roi, appartient aujourd'hui, avec les fossés attenants, à M. Pierre Mesplez-Espellette. Il fut acheté par son père, aux héritiers Sallenave d'Escos.


## VII

### BELLOCQ. — L'EGLISE

L'église où Eléonore de Comminge, mère et tutrice de Gaston Phébus, et ce prince mineur prêtent serment aux habitants de Bellocq, le 20 janvier 1343, ne peut être que l'église actuelle. Comme l'acte authentique de ce serment fait partie de son histoire, nous le citons en entier. D'ailleurs en le lisant, nous assistons à une scène intéressante de la vie féodale au xiv° siècle. Quelques noms, parmi les signataires, ne manquent pas non plus d'intérêt.

(1) Archives des Basses-Pyrénées B. 5776.
(2) Archives des B.-P., ibidem.

## BEGLOC

Notum sit que la mot noble et poderose donc madona (1) Lianors,
per la graci de Diu, comtesse de Foys, ves-comtesse de Bearn e
de Marsan, may e tutritz testamentarie deu mot noble e poderos
senhor mossen en Gaston, per la medixe graci, comte et ves-comte
deus diitz comtat et ves-comtatz e aqueg medix mossen lo comte et
ves-comte, de voluntat e auctoritat de la diite madone la comtesse
e ves-comtesse, sa may e tutritz, l'un apres l'autre, pausan lors mas
dextres sobre los sans evangelis de Diu e la beraye crotz dessuus
pausade, juran, so es assaber, la diite madone la comtesse et ves-
comtesse, cum a tutritz dessuus diite e per lo temps de sa tutele,
et lo diit mossen lo comte et ves-comte, cum a senhor naturau e
per tot lo temps de sa vite, presens los juratz, vesiis e habitantz de
Begloc, ab la cride comunau, segont que es acostumat, aperatz e
ajustatz en la glisie deu medix loc, on son acostumat de ajustar
per semlans caas e per autres vesiaumens, que egs seran boos,
fideus e leyaus senhors aus juratz, vesiis e habitantz de Begloc, ens
empareran, eus deffeneran de tort e de force, deffens e defore, a lor
leyau poder, ens treyran, ens sauboran lors fors e costumes, franquesses e libertatz ; e aqui medix, los juratz, veziis e habitantz
deu diit loc de Begloc, los nomis deus quaus dejuus son escriutz,
l'un après l'autre, segont que escritz son, jolhs enclis, pausan lors
maas dextres sobre los medixs evangelis e crotz, los quaus los
diitz madaune et mossen tien entro lors maas, que egs a la diite
madone la comtesse e ves-comtesse, cum a tutritz dessuus diite e
per lo temps de sa tutele, e au diit mossen lo comte et ves-comte,
son filh, cum a senhor naturau per tot lo temps de sa vite, seran
boos, fideus, leyaus et obedjens sosmes, ens empareran, vite e
membres e lor terre e lor honor, e lor leyau poder *et cetera, juxta
cursum et formam.* Seguense los nomis deus qui juran : P. de La
Fargoe ; Arnaut de Barere ; Bertran d'Osse ; Bernat de Barere ;
Ramon Gassie deu Brascoo, juratz ; P. d'Abadie ; maeste Bertran
deu Troguen ; Johan de Barromeres ; Arnaut deu Bergeroo ; P. Arnaut de Labag ; Bernat de Labag ; Bertran Faur ; Guiraut de Pilaa ;
Arnaut de Lassaas ; Bernat de La Fargoe ; Ramon deu Brascoo ;

(1) La qualité de noblesse au XIVᵉ siècle est encore exprimée par *en*,
précédant le nom d'homme, et *na* celui de femme. — *Arch. des B.-P.,*
E. 300 fol. 36.

Galhart deu Fresco; Guilhem deu Juncar; Johan d'Abadie; Guixarnaut de Lassaas ; Bernat de Montagut ; Guilhem Magret ; Ramon
Guilhem de Feugars ; e los autres aqui presens, lhevantz las maas,
segont que appare. Asso fo feit en la diite glisie de Begloc, lo xx
die de gier anno domini MCCCXLIII, testimonis mossen en Guiraut
d'Aure. mossen en Pons de Lordat, cavers (1) ; mossen en P. d'Es-
tiroo ; mossen en P. d'Ozenx ; maeste Jacmes Camela ; en Maurii
de Labadie, d'Ortes, e jo, P. Ramon (2) etc.

Le souci de l'orientation liturgique (3) et le désir d'augmenter
les défenses de la place, non moins que le plan du vaste sanctuaire,
et les nombreux pilastres qui ornent ses murs à l'intérieur, ont
donné à l'église de Bellocq un certain cachet de grandiose et ori-
ginale beauté. Le clocher, une tour carrée de hauteur imposante,
n'est pas au milieu de la façade d'entrée, comme le portail, mais à
l'un des angles, sur la ligne des remparts de la ville, et l'ensemble
de l'édifice ne s'harmonise avec aucune des constructions environnantes, qui suivent pourtant des lignes régulières.

Ce qui vous frappe tout d'abord en entrant, ce sont les trois
voussures de la porte ogivale, et les reliefs variés, hommes, animaux, plantes et autres figures qui s'en détachent, invitant les
chercheurs curieux à deviner leur qualité ou le sens de leur divers
symboles, de même que l'époque à laquelle il convient de faire
remonter ce bel ensemble d'architecture. En voyant l'ogive, vous
songez au XIIIᵉ siècle, mais la taille fruste de ces moulures dénote,
ce semble, une origine plus ancienne.

Dans le cadre extérieur, des deux côtés de la croix de Malte qui
est à la clef de voûte, figurent plusieurs espèces d'animaux, des
fleurs de lys, le trèfle à quatre feuilles, un arbre en forme de buis-
son, deux ronds semblables aux pièces de monnaie, mais polis, un
cercle quadrilobé, des feuilles de vigne et une haute plante qui
jette ses feuilles à droite et à gauche comme l'herbe du froment.

(1) Le caver ou chevalier, était un vassal du seigneur, astreint à le
servir en guerre avec ses chevaux. Cette dignité fut d'abord personnelle. Elle devint ensuite héréditaire, dit de Marca.

(2) Ramon d'En Per Auger, public notari en tot lo vescomtat. (Voir
E. 300, fol. 2 et 3).

(3) Le chevet d'une église doit être tourné vers le lever équinoxial
du soleil, afin que les fidèles, puissent en priant, fixer leurs regards
vers le berceau de la Foi. Les Bollandistes racontent que Saint Duns-
tan, archevêque de Cantorbéry, voyant une église édifiée dans un
autre sens, la fit tourner jusqu'à ce qu'elle eût l'orientation accoutumée.

Le cadre intérieur est rempli d'une vingtaine de têtes, presque toutes dépourvues de buste. Seuls au milieu d'elles, deux personnages sont en pied, la figure masquée du heaume et le corps vêtu comme d'une toile treillissée de fer, cuirassés mais non armés autrement, et tenant les mains jointes. La voussure intermédiaire, sauf trois petits poissons réunis en groupe d'un côté, et deux colombes en repos de l'autre, est toute remplie par douze sujets humains. On pense tout de suite aux douze apôtres, mais à part deux peut-être, faute de signe caractéristique, il est impossible de les identifier. La difficulté vient aussi de ce que la plupart d'entr'eux ont été abîmés par le marteau révolutionnaire. Un seul personnage est assis tenant un sceptre de la main gauche. Serait-ce S. Pierre? La main droite qui aurait dû tenir les clefs a disparu. Nous voudrions aussi reconnaître, dans un autre sujet, le glorieux apôtre de l'Espagne, S. Jacques, à une sorte d'équerre qui se détache de son côté, semblable au levier de fer dont un teinturier assomma S. Jacques le Mineur, évêque de Jérusalem, pendant qu'il respirait encore, après avoir été précipité du haut du temple (1). Il n'y a qu'un inconvénient à cette identification, c'est que d'après les bollandistes, l'apôtre de l'Espagne fut Saint Jacques le Majeur, à qui Hérode fit trancher la tête, et qui en conséquence est représenté dans l'iconographie avec un glaive. Plusieurs autres personnages ont des violes ou des harpes qui rappellent les vingt-quatre vieillards de l'Apocalypse, mais les coupes d'or, *pleines de parfums qui sont les prières des saints,* (2) n'apparaissent pas aux doigts des personnages conservés intacts. Un seul personnage, d'une tenue grave, les bras cachés sous un manteau, n'a pas d'insigne.

Au-dessus du tiers-point de l'ogive, un buste à moustache, tombant en pointe, la figure masquée ou détériorée, les bras croisés sur la poitrine et à peine dessinés sous un manteau, domine tout ce bel ensemble. Serait-ce le Père Éternel ?

On trouve au musée impérial de Vienne, peint par Albert Dürer en 1511 (3) un tableau de la Sainte Trinité qui a quelques rapports avec ce qui est représenté à Bellocq.

(1) Voir S. Jacques le Mineur dans *Les douze apôtres, avec les caractéristiques par lesquels on les distingue.* Lille, librairie de la Société de Saint-Charles-Borromée, 1884.

(2) Apocalypse de S. Jean V. 6, 7, 8.

(3) Voir *Jésus-Christ,* par Louis Veuillot, avec étude sur l'art chrétien, par E. Cartier, Paris, Firmin Didot. 1875.

Sur la toile de Dürer, le Père Eternel environné de ses élus au Ciel se penche avec amour sur son Fils en croix et regarde à travers la voûte du firmament représentée par une arcature de plein cintre.

Il est coiffé d'une tiare, et sa longue barbe rappelle « l'Ancien des Jours. » Autour de lui, recueillis en prières se pressent les anges, dont plusieurs portent les insignes de la passion, en compagnie des martyrs et des saints de l'ancienne et de la nouvelle Loi. Plus bas, sur la terre, près du crucifié, on voit à droite l'empereur, le roi, le chevalier, tous les membres de la société laïque ; et à gauche, le pouvoir spirituel a pour représentants le Pape, le cardinal, l'évêque, l'abbé, les moines et les religieuses. Les paysans eux-mêmes y sont représentés par un homme qui tient, droit au-dessus de sa tête, le fléau à dépiquer le blé. Le rayonnement de la colombe vient du Ciel sur la terre constituer l'harmonieuse unité des pouvoirs civils et ecclésiastiques qui gouvernent chacun dans ses attributions, sans se heurter ni se confondre. Tel est le royaume terrestre de la Sainte Trinité, qu'avec quelques variantes nous retrouvons au portail de l'église de Bellocq. L'adorable mystère s'y reproduit même, selon nous, plus d'une fois et d'une manière plus explicite.

Aux deux angles inférieurs de l'ogive, qui comme on sait ressemble à un triangle (première image de la Trinité), le marteau démolisseur a fait disparaître entièrement deux autres bustes (1) de dimension presque égale à celui d'en haut que nous avons pris pour le Père éternel. Ce sont bien là les trois personnes divines : leur identité de nature est sauvegardée par les cordons de voussures qui les relient entr'elles.

Regardez ensuite la croix de Malte, symbole du Verbe incarné et crucifié pour nous, à peine séparée du Père éternel par une ligne de voussure, et, non loin d'elle, dans le groupe des personnages apostoliques, l'Esprit-Saint sous la forme de deux colombes, comme pour rappeler l'ordre religieux et l'ordre civil qu'il inspire et dirige parallèlement par l'intermédiaire des pontifes et des princes. Quoi de plus expressif de l'ordre que l'harmonie des instruments à cordes, dont parle l'Apocalypse, et qui est plus apte à assurer l'ordre et la tranquillité, soit dans les cœurs par la sainteté, soit à l'extérieur par l'exercice de la force publique, que ceux que Dieu a constitués à cette

(1) Qu'on regarde bien la pierre brute, à la naissance de l'ogive, et on distinguera, sans beaucoup de peine, les bras croisés, ou les mains jointes de ces sujets brisés.

fin, les dépositaires autorisés de la parole de Dieu et de ses sacrements, et les princes temporels qui inspirent une salutaire terreur ? Tout pouvoir vient de Dieu, dit Saint Paul (Rom. xiii. 1.) L'œuvre légitime du pouvoir, quel qu'il soit, des prêtres ou des laïques, opère et conserve dans la société une bienfaisante harmonie symbolisée à merveille par ces instruments de musique. « La discipline musicale, dit Raban Maur, pénètre tous les actes de la vie. Observons-nous les commandements de Dieu ? Il est certain qu'il y a dans nos paroles et dans nos actes un rythme musical ; si nous péchons, il n'y a pas de musique en nous » (1).

La création et la conservation des êtres créés par la Sainte Trinité, apparaît dans ces reliefs, d'une si vaste et si haute conception. Que signifient ces trois grosses têtes, sous les corniches de l'ogive, sinon les trois personnes divines, continuant de porter le monde par une action créatrice permanente ? Le monde sidéral lui-même y est représenté par ces deux ronds polis, l'un plus petit que l'autre, qu'on pourrait prendre pour des besants et qui sont plutôt le soleil et la lune. A l'entrée de l'église où l'on se réunit pour prier et louer Dieu, la présence de tous les êtres est la réponse à cette recommandation du prophète Daniel : « Toutes les œuvres du Seigneur, bénissez le Seigneur, louez-le et exaltez-le dans tous les siècles ! »

Mais il y a ici d'autres symboles du mystère et des bienfaits inestimables des trois personnes divines. Sans parler des trois lis de droite, nouvelle figure de la Sainte Trinité (2) et des parfums de vertus qu'elle sème à pleines mains dans l'Eglise, ni des deux lis de gauche, avec, à côté, le cercle quadrilobé, qui représente ici l'Univers rempli de l'Esprit Saint, selon la Sagesse, (I.V) — encore la Trinité qui anime toutes choses de ses influences — sans nous arrêter davantage aux quatre lis d'en haut, les quatre Evangiles sans doute, qui parfument le monde de la bonne odeur de Jésus-Christ (3) ; qui ne voit dans la vache et le veau, la matière des sacrifices mosaïques, dans la feuille de la vigne, le symbole de l'Eucharistie, dans le trèfle à quatre feuilles, le symbole, selon une vieille légende, et l'annonce du

(1) De institutione clericorum, 11-24.

(2) On sait que le vieux drapeau de la France chrétienne, portait sur fond d'azur l'image de la Trinité en trois lis. Selon une légende, il aurait été révélé par un ange.

(3) D'après Huysmann, le lis par son parfum d'odeur forte, symbolise le Ciel.

bonheur, dans le gros poisson, la figure de Jésus-Christ lui-même, qui, comme le poisson de Tobie, sous l'influence des bons anges, comble de biens ses amis, mais devient le juste vengeur des sujets révoltés contre sa loi.

Le poisson qui allait dévorer Tobie, paralysé et mis à mort par le conseil de l'ange Raphaël, fournit non seulement une saine nourriture, mais de son fiel, de son cœur et de son foie, d'utiles médicaments, pour ouvrir les yeux du père Tobie devenu aveugle, et pour chasser les démons. Ainsi Jésus-Christ en buvant avec amour jusqu'à la lie, le calice de sa passion, a ouvert les yeux aux aveugles d'esprit et brisé l'empire des esprits infernaux qui faisaient peser sur le monde la plus cruelle tyrannie. Les anciens avaient trouvé dans les lettres du mot grec *Ichthus*, qui veut dire poisson, les premières lettres qui composent l'histoire résumée de notre Rédemption : Iesous Christos Theou Uios Soter. Ce qui veut dire : Jésus-Christ fils de Dieu, Sauveur. Or le chrétien est un autre Jésus-Christ. Il s'ensuit que dans les trois petits poissons, à côté du grand, il faut voir les hommes attirés et retenus par le Saint Esprit dans la profession chrétienne. N'est-ce pas cette pêche d'un nouveau genre, qui est confiée à Pierre dans Saint Luc, ch. V. 10., aussitôt après la pêche miraculeuse ? *A partir de ce jour*, lui dit le divin Maître, *tu auras pour mission de prendre les hommes*. Mais l'homme apostolique n'est que l'instrument des conversions opérées par l'Esprit Saint, le canal de la grâce divine, si l'on veut, et c'est ce qui est figuré ici par une tige partie d'un globe, qui accroche un des trois poissons dans la région du cœur. La nécessité du secours divin, en face de l'ennemi jaloux, est au besoin indiquée par le chien vorace poursuivant un lièvre ou un cerf.

Enfin cette profusion de têtes dans le cadre intérieur, ne peut être que l'assemblée des fidèles. Tous ceux qui ont un corps complet ou simplement un buste — c'est le très petit nombre — tiennent les mains jointes, dans l'attitude humble et recueillie de la prière, et de l'entière docilité aux inspirations divines. La profession de lutteur pacifique, de soldat sans armes meurtrières et pourtant victorieux, s'il le veut bien, est celle des membres de l'Eglise. S'ils marchent à la lumière de ses enseignements, Jésus-Christ est en eux, la foi leur est une forte armure et rien ne peut leur nuire. C'est ce qu'expriment, à leur manière, ces deux personnages cuirassés de pied en cap, et sans autre armure que la prière qu'on devine à leurs mains jointes. Toutefois leur union avec Jésus-Christ ne va pas sans l'obéissance aux pasteurs, qui les éclairent et les fortifient, selon ce passage de l'épître aux Ephésiens (11, 19, 20) : « Vous n'êtes plus des étrangers et des hôtes, leur dit Saint Paul, mais citoyens de la même cité que les saints, et domestiques de la maison de Dieu, édifiés par la foi sur le fondement des apôtres et des prophètes, et unis en Jésus-Christ qui est la principale pierre de l'angle. » Pour qui sait comprendre, cette constitution hiérarchique n'a pas été oubliée dans le caractère et la disposition des reliefs de Bellocq, où les apôtres et les princes (1) ont une place dominante. Tel est le monument historié de la porte principale. Son caractère est religieux, comme il convient à la maison du Seigneur. A côté, pour n'être pas confondu avec lui, s'étalait le signe profane des armoiries de Béarn, dont les vaches effacées sont encore très apparentes.

Pour être d'une conception plus simple, la porte du mur latéral n'est guère moins remarquable, si l'on songe que l'artiste présente sous une nouvelle forme le même mystère de la Sainte Trinité. Comme la première, elle a trois voussures ogivales, mais an tiers-point du cadre extérieur, le relief est une tête à deux faces, ou plutôt deux têtes gravées sur un même bloc de pierre. Dans l'iconographie chrétienne on voit bien l'unité de nature, et la trinité de personnes distinctes, exprimées de cette manière, mais avec trois têtes. Ici il n'y en a que deux exprimant l'unité du Père et du Fils. Où sera donc le Saint Esprit ? Il apparaîtra, non dans une image personnelle, mais par les têtes qu'il inspire dans des voies cachées, figurées ici dans les boudins aux cordons des voussssures, qui viennent se reposer sur les corniches de style pur roman, soutenues de têtes grossièrement sculptées (2), mais disposées là avec un art ingénieux. Il y en a juste douze. Deux ou trois ont disparu par des éclats de pierre, mais ce nombre douze est tellement bien à sa place, qu'on se demande si l'ouvrier l'avait dépassé par mégarde, et s'il a été obligé lui-même de remettre tout à point en supprimant les têtes de trop. Je ne parle pas des deux têtes qui soutiennent — l'une du moins, car l'autre s'est effritée — les deux arc-boutants de l'archivolte, car elles sont à part.

L'archivolte en rinceau attire aussi tout particulièrement l'attention. Elle est formée d'une saillie ogivale en pierre, de cinq ou six

(1) Le bâton dans la main, sur lequel il ne s'appuie pas, semble désigner un personnage comme prince temporel.

(2) Les corniches portent encore en dessous, l'empreinte des six fûts de colonne qui complétaient la beauté de l'ensemble.

centimètres, et d'une dentelure de clous d'applique. Ces clous ressemblent à des fleurs de lis naturelles, inclinées obliquement et collées à l'angle de dessous par le sommet de leurs pétales. Les pointes de leurs corolles forment une dentelure de bel effet. Serait-ce la voûte du ciel étoilé que l'artiste a voulu peindre par ce rinceau enchâssé dans le mur et séparé des voussures ? « L'Esprit du Seigneur a orné les cieux », lisons-nous dans Job, ch. XXIV. 13. Quoiqu'il en soit, les têtes qui soutiennent cette pièce et qui peuvent représenter le Saint-Esprit (1), sont, par elle, en communication directe avec la double tête du Père et du Fils.

Une forte ossature de douze pilastres, auxquels répondaient jadis à l'extérieur autant d'éperons, donnent à l'église de Bellocq, vue intérieurement, malgré la simplicité de son architecture, une physionomie distinguée. A la grâce du coup d'œil, s'ajoutent parfois les formes cylindriques du sanctuaire, combinées heureusement avec les formes hexagonales de la nef. Il y a en tout quatorze de ces colonnes : mais quatre d'entr'elles, étant associées deux à deux, aux extrémités du transept, — ce qui fait deux colonnes géminées, — leur nombre se réduit à douze, nombre mystérieux qui revient souvent dans la Bible, parce que c'est celui des douze apôtres, colonnes et fondement de l'Eglise catholique.

La nef est un simple rectangle. En dépit du bon goût le clocher occupe un des angles vers l'entrée, mais l'harmonie des lignes se trouve en partie du moins rétablie, par la suppression ou plutôt la fermeture de la tribune. La continuation de ce rectangle encadre presque entièrement le vaste sanctuaire, élevé à deux degrés, qui se termine par trois faces hexagonales de même dimension, dont l'une, celle du milieu, s'ouvrait autrefois sur le château par une porte à deux battants (2).

Les chapiteaux des colonnes cylindriques du sanctuaire ne laissent voir d'autre ornement que des feuilles d'acanthe en or sur fond vert ; mais près de terre, sur le soubassement qui court dans toute

(1) Dans l'architecture religieuse, dit Caumont, le Saint-Esprit est ainsi représenté sous la forme humaine.

(2) Cette porte, murée on ne sait à quelle époque, a été découverte sous l'abbé Lartigau, en perçant le mur à cet endroit même, pour introduire à la nouvelle sacristie. Trois grandes portes à l'église de Bellocq, nouvelle marque de la dévotion à la Sainte Trinité qui marqua son origine. On croit que cette dévotion prit un nouvel essor au contact de l'orient avec l'occident, durant les croisades. La sacristie ancienne était adossée obliquement vers le nord-est.

l'enceinte, le piédestal, dont la forme varie, est toujours marqué par les billettes du style roman.

Sur ces colonnes, M. l'architecte Darnaudat, avec le secours des Lalanne, habiles charpentiers de Bellocq, jeta des arcs en plein cintre, à ne considérer que la voûte, mais brisés par leurs croisements. C'est ainsi qu'ils ressemblent à des arcs-boutants, appuyés à des clefs de voûte, et la triangulation qu'ils dessinent au sanctuaire rappelle le style ogival. Sur les pilastres de la nef, les nouvelles arcatures en bois et plâtre, sont de plein cintre, sans aucun entrecroisement ; mais d'une travée à l'autre, dans l'intervalle de la voûte, la peinture a reproduit la même triangulation d'arcs-boutants de style ogival. L'arc à tiers point des fenêtres ne date que de 1860 à 1864, époque de la restauration ; auparavant, elles étaient de plein-cintre (1), comme celles de l'église de Sauvelade. Dans la nef, sous une voûte grise, la peinture à la colle imite la pierre de Louvie. Au sanctuaire, elle est à l'huile. En haut, c'est le ciel bleu abondamment étoilé d'or, et sur les murs un semis d'étoiles rouges sur fond rougeâtre, encadré dans des guirlandes de vignes. Les filets et les étoiles dorées qui se détachent avec éclat sur un fond de diverses nuances rouges, aux colonnes et aux arcs du sanctuaire, donnent à l'ensemble un bel air de richesse. Ce travail date de l'abbé Marlats, mais il a fallu le restaurer en plusieurs endroits.

La voûte, au commencement de ce siècle, était plate, appuyée au milieu sur une double rangée de colonnes en bois. Elle n'était pas bien ancienne, mais son aspect disgracieux la condamnait à disparaître. Quelle fut, à l'origine, la forme de la voûte de cette église, nul ne peut le dire. On sait seulement, parce qu'on en voit encore la trace à une saillie du clocher, que la toiture fut alors notablement plus aiguë et plus haute. Il ne reste rien, non plus, de la boiserie du sanctuaire, qui tombait de vétusté pendant la Révolution (2). Seul, le rétable en style grec, qui date apparemment du siècle dernier, — car il est encore solide, — paraît un peu antique.

On y voit quatre colonnes d'ordre ionien, plates, ornées simplement d'un rectangle de filet doré, mais couronnées au chapiteau de

(1) Plusieurs auteurs, entr'autres Huysmann, contestent à bon droit que l'ogive et le plein-cintre soient des caractères bien définis d'époques différentes. À l'appui de cette opinion ils citent plusieurs exemples, notamment l'église de Notre-Dame-la-Grande, à Poitiers, qui est du XIᵉ siècle, et dont la façade montre un plein-cintre flanqué de deux ogives.

(2) Voir les délibérations municipales de 1792.

riches dorures sur feuilles d'acanthe qui s'écartent et tombent en volutes, supporter d'autres riches ornements, architrave, rinceau, frise et corniche, abondamment couverts d'or. Le tableau de l'Assomption, titre de l'église, encadré dans les colonnes du milieu, est sombre de coloris, on n'y reconnaît pas un grand maître. Un rinceau vertical de chaque côté, entre deux colonnes, complète l'ornementation. La colombe, ailes déployées, se détache sur fond d'argent, image de la foudre, au-dessus de ce bel ensemble, et envoie tout autour douze faisceaux de rayons d'or. Des deux côtés une urne encore bien ornée ou, si l'on veut, un cœur, d'où s'élève une petite gerbe de flammes.

Quatre autres grandes toiles ornent l'église, la Résurection dont il n'y a pas beaucoup de bien à dire, la Vierge-Mère et Saint Jean-Baptiste enfant montrant l'agneau de Dieu couché à ses pieds, qui figurent honorablement, et enfin le baptême de Notre Seigneur, que Mlle Garay, en 1876, a fidèlement reproduit du Catéchisme en images des Pères de l'Assomption.

Comme statues, l'église possède outre le grand crucifix, le Sacré-Cœur de Jésus, la Vierge-Mère, la Vierge de Lourdes, Saint Joseph, Saint François d'Assise, Saint Antoine de Padoue. En outre l'autel en bois peint de blanc et orné de dorures, surmonté d'un dais pour l'exposition du Saint Sacrement, porte à ses extrémités deux anges adorateurs.

Le 28 juillet 1792, il fut constaté dans le conseil communal qu'il y avait à l'église trois tombeaux avec armoiries, Lescar, Pefaur et Mosqueros, sans compter les armoiries de feu Dutilh, curé de Bellocq, et qu'il fallait, aux termes du décret de la Convention, effacer ces souvenirs de l'ancien régime. La tombe du curé a disparu ou a été retournée, les trois autres subsistent encore, avec des lettres effacées alternativement, et des écussons quelque peu abimés. Cependant il a été possible de lire jusque dans les symboles instructifs de ces armes parlantes, qui résument parfois des pages intéressantes d'histoire. Pour Pierre de Lescar, sous une couronne de comte, l'écu au chevron, en souvenir de sa carrière militaire, est ornée de trois étoiles, accosté de deux lions, soutenu de deux palmes, et suivi de l'inscription suivante :

Tombeau à Mes | sire Pierre de | Lescar Mestre | de Camp de Ca | valerie qui a ser | vi 45 campagnes | Sous les règnes | de Louis 13 | et 14 — *Obiit* | *In A° D*ni | 1677.

Catherine de Salles a un écu à moitié divisé par une ligne verticale,

portant à *sénestre* une colombe (1) ailes déployées, et à *dextre* un cyprès, le tout encadré en haut de feuilles et de fleurs au milieu desquelles se dressent le heaume et le cimier, et en bas de deux palmes qui embrassent la moitié de la circonférence. On lit ensuite :

Ci-gît Demoiselle Cate | rine de Salles dont | la piété et la chari | té rendent la mémoi | re précieuse aux gen | s de bien. La recon | naissance l'a gravé | dans le cœur de | mr. de Mos | queros con<sup>er</sup> au | Parlement de Nav<sup>re</sup> | son neveu. Obiit | 27 avril 1752 âgée | de 69 ans. Priez | Dieu pour le repos | de son âme. +

Elle mourut dans la maison Abbadie en face de l'église.

Catherine de Salies-Péfaur, plus que les autres, a son écu ravagé par le ciseau révolutionnaire. Je crois néanmoins ne pas m'éloigner de la vérité en disant que sous une couronne de comte, il est écartelé au 1<sup>er</sup> d'une ancre, au 2<sup>mo</sup> de trois chevrons, au 3<sup>me</sup> d'une tour, au 4<sup>me</sup> d'une clef, d'où l'on peut se demander si elle appartenait à une famille de marins. La légende est d'une grande simplicité.

> Ci-git dame
> Catherine de
> Salias espouse
> de Mouse Jean
> de Péfaur qui
> mourut le 7<sup>e</sup>
> avril (ou Oust) 1736
>
> .  .  .  .  .
> .  . deux lignes illisibles.

Au fond de l'église, sous la tribune, une superbe piscine en marbre noir attire aussi la curiosité, par le dessin qu'elle porte au flanc de sa cuvette autant que par ses belles proportions. Ce dessin est un chevron piqué en bas d'un croissant et en haut de deux étoiles... apparemment l'écu de la famille qui en fit don à l'église-cathédrale de Sainte-Marie, où elle a servi longtemps.

Enfin, il nous reste à constater que la cloche de Bellocq, dont les protestants eux-mêmes apprécient pour une large part les services quotidiens, cette voix de Dieu qui appelle à la prière, cette chanteuse de sa gloire, au timbre si puissant et si fin, est sobre de renseigne-

---

(1) La colombe figure dans les armoiries de la famille de Coulome de Salies.

ments sur son origine et le nom de ceux qui ont présidé à sa bénédiction et à son installation. On y lit seulement :

*La Cloche de Notre-Dame de Bellocq*
*L'an 1777*

Simon     de Lacuesta.

## VIII

### Les vieux feux et les vielles familles

La répartition de certains impôts en Béarn se faisait par *feux* (1) dénomination conventionnelle qu'il faut se garder de confondre avec le foyer de chaque famille (2), quoique ce genre de classement nous aide à connaître les familles les plus importantes de Bellocq, à une époque très reculée. Le recensement de ces vieux feux — foëcs vius — fait par ordre de Gaston Phébus en 1385, ayant été publié récemment par les soins de M. Paul Raymon, ancien archiviste des Basses-Pyrénées, nous sommes heureux d'y trouver pour Bellocq les noms suivants :

De Bertranete de *Pilan* (3) — *P. deu Faur* apperat de Taste — De Guilhemet de l'*Abadie* — De *Barelhes* — Deu prebender de *Lauusse* — De Florines deu *Faur* — d'Arnaut deu *Feugar* — d'Arnaut Guilhem de Lirissou — d'Arnaut Guilhem deu Faur — De Lagarde — De Borduc de Lanusse — Deu Cam — de Labarthe — De *Poulot* — De Briot de Mirembeu — d'Arnaut Guilhem de Lafyte — De l'Abadie de Lanusse — De Guirauto de Gramont — De Febus — de Johan de *Larral* — De Condcrannc deu Camp — Vivancs de Castcy-tiis — de

---

(1) Voici ce qu'on lit à la suite des vieux feux de Puyoo, dans l'inventaire de M. Raymon : « Ramon Guilhem de Labagt, Arnaut de Berger, Guirautou de Caügt, P. deu Cam, vesiis deu diit loc de Poyou, après segrement dixon que an pagat per lo foegatge entro assi tres betz l'an XVII floris V sols IX dinhers Jacques per cade pague. »

(2) Dans la province de Béarn les feux ne se comptaient point selon l'état des familles, parce que celles-ci augmentent ou diminuent chaque jour. Mais on entendait par feux la force de telle sénéchaussée, de telle communauté, de tel particulier, c'est-à-dire que telle sénéchaussée, telle communauté, tel particulier peut et doit supporter telle ou telle imposition. Tout le Béarn fut d'abord alivré à 11,000 feux en raison de la capacité des terres que contient ce pays. C'est sur ces feux et autres dont les maisons nobles sont chargées que se répartirent toutes les impositions de la province, tant pour les donations que les Etats font au Roy que pour les charges du pays. (Dictionnaire géographique de l'abbé Expilly, t. I p. 501 et 502).

(8) Les noms en italiques sont ceux une le temps n'a point encore effacé des maisons ni même de certaines familles.

*Carresse* — de Salenave en que demore Guiraut de Saubade — De
Lapinette — de Forcade — de Lanabère — B. d'Abadie — de la
Fargoa — deu *Bordat* — de Lacau de Mimbielle — deu *Mespler* —
— de *Guixarnaut* — d'*Arnaudet* — deu Capera — de Montagut —
de Taste — Per Arnaut de la Fargoë — de Guiraut de Pilan —
d'Amadote de Bérenx — Arnaut Guilhem de Castettiis — deu Vigné
— de Berdot deu Cam — d'Argente deu Faur — d'Arnauto de *Loberes*
— de Monguyot deu Camo — d'Aramou Gassie Faur — deu Benedit—
deu Rector d'Arramos — Guilhem Arnaut deu *Poey* — de Berdolou
de Labarthe — d'Aramon Guilhem de Lafitte — de Berdolo deu Faur
— de P. Brasquet — de Berthomieu deu *Claus* — Berdot deu
*Barber* — *Peyres-Aubes* — Bertranct de Lafitte — Filloc — P. de
Pilan — de Lane-Meya — de la Fargoë — Lane Maior Juza — de
Oeyre — Lo Chrestia de Sauterine Domenger.

En somme soixante-neuf feux. Les noms qui les désignent ont la
plupart disparu, et les familles représentées autrefois par ces vieux
noms se cachent sous des noms nouveaux. Nous en parlerons en
commençant par les plus vieilles et les plus distinguées.

C'est à la famille du Faur, nous l'avons vu. que l'église de Bellocq
devait une fondation importante. Qu'elle ait été remarquable parmi
les autres, il y en a plus d'une preuve.

L'abbé Labaigt raconte qu'en 1490, Gratian Dufaur, trésorier de
Catherine de Navarre, est mis à la tête, comme prieur, de l'hôpital
d'Ordios (1). Les lettres d'installation sont délivrées par Bertrand
Guichot, vicaire général de François Savary, archevêque d'Auch. Il
fut installé dans l'église Sainte Madeleine d'Ordios par Pees de Lospa-
ratze, prêtre de Bidache. La prise de possession avait eu lieu en présence de Fortaner de Béarn, seigneur de Bellocq, et de Bertrand de
Lacroutz procureur fiscal de l'official d'Orthez (2). La présence du
seigneur de Bellocq à cette prise de possession autorise à croire que
l'élu était de sa commune et de la famille dont il porte le nom. Au
XVII° siècle, le droit de nommer à la prébende du Faur, étant la
propriété ou plutôt le privilège d'une Lescarboura, c'est dans cette
famille qu'est passée, ce semble, la branche aînée des Faur, tombée

(1) Hôpital pour les infirmes et hôtellerie pour les voyageurs, notamment
pour les pèlerins de Saint Jacques de Compostelle située dans le territoire
de Labastide, sur le grand chemin qui allait de Dax à Saint-Jean-Pied-de-
Port et Roncevaux.

(2) Voir Congrès scientifique de France à Pau, le 1er mars 1873, tome
second.

en quenouille. Mais la branche cadette est encore illustre et puissante à Puyoo et à Bellocq pour de longues années. Les Péfaur en effet — leur nom vient de Pé deu Faur, qui veut dire Pierre du Faur — sont représentés à Puyoo (1) dès l'année 1679 par le seigneur et abbé laïque de ce nom marié avec l'héritière de la seigneurie, et à Bellocq, en 1717, par le maire qui fait précéder son nom de la qualification *noble*. Leur maison, plusieurs fois vendue en ce siècle, fait suite à la mairie, qui elle-même est bâtie à neuf sur l'emplacement de la maison d'une autre famille importante, celle de Paradges, qui se continue à Orthez.

La famille de Lafitte (2) qui a produit un jurisconsulte et un abbé célèbres, doit être mentionnée aussi des premières, quoiqu'elle ait cessé d'habiter Bellocq après son anoblissement. Comme nous l'avons déjà dit, elle habitait le château de Cassaber. Maître Zacharie de Lafitte de Bellocq, époux de Mademoiselle Marie de Gassion, assista le 23 avril 1605 au contrat de mariage de noble Jehan d'Enganaguilhem, seigneur d'Arros et de Soeix, avec M$^{lle}$ Jeanne de Colomies. Il fut reçu aux Etats de Béarn le 16 mai 1612, comme seigneur de Cassaber et fit son testament le 16 avril 1620.

Jean de Lafitte, seigneur de Cassaber et de Maria de Baigt, son fils, épousa le 2 septembre, dans le temple protestant de Salies, demoiselle Jeanne du Faur, seigneur de Saint Pé de Salies, et sœur de noble Jacques du Faur aussi seigneur de Saint-Pé, conseiller du roy et son procureur général en la chambre des comtes de Navarre. Il mourut vers 1669 laissant de ce mariage 1° Jacques Antoine de Lafitte-Maria 2° Sara de Lafitte.

Jacques-Antoine de Lafitte, seigneur de Cassaber, de Maria de Baigt et de Beyrie, avocat au parlement de Navarre, naquit probablement à Cassaber. Il fut admis aux Etats de Béarn le 18 juin 1654, comme seigneur de Maria de Baigt et donataire de son père. Ce Maria était

(1) Le seigneur abbé laïque de Puyoo, en 1534 est Menoton de Lacoste. Il présente sous ce nom son *adveu* et *dénombrement*, par devant Jacques de Foix, évêque de Lescar.

(2) En 1545 les Lafite et les Sancenacq de Bellocq, faisant devant notaire des *pactes de mariage*, stipulent par deux fois que l'union sera célébrée *a ley de Diu et de Sen Pay de Roume*. Cette clause explicite d'engagement sur les choses religieuses, dans un contrat civil, peut avoir une origine plus ancienne, car ce n'était pas la première fois que l'hérésie troublait l'Eglise, et obligeait les catholiques à se prémunir, mais à cette date, au souffle du protestantisme naissant en Béarn, elle avait une réelle importance.

jurisconsulte fort estimé, c'est à lui qu'on doit attribuer une série de savantes dissertations parmi lesquelles les mémoires et les éclaircissements sur les fors et coutumes de Béarn, un traité sur les dots de Béarn, et un mémoire sur les privilèges des nobles de Béarn. Ses armoiries étaient : *d'azur à la tour d'argent crénelée, maçonnée et ouverte de sable, écartelée au 2 d'argent au coq d'azur au 3 d'or au pin de sinople sur une terrasse du même sur le tout de gueules a sept besants d'or* (1).

La tradition de Bellocq n'a conservé aucun souvenir de la maison originaire des Lafite. Seule une quittance du 18 août 1710, nous révèle qu'à cette date la maison Chague est la propriété d'une dame de ce nom.

Une famille moins ancienne à Bellocq, mais non moins distinguée, est celle de Lescar. Elle porte : *d'azur au chevron d'argent accompagné de trois étoiles du même, deux en chef et une en pointe.*

Dans la première année du règne de Louis XIII, quatre frères de la petite ville de Bellocq en Béarn, Menaud, Pierre, Jacques et Jean de Lescar, entrèrent comme volontaires au service du roi, dans le régiment de Saint-Luc des gardes françaises et firent avec honneur les guerres d'Italie, d'Allemagne et d'Espagne, durant lesquelles deux d'entre eux, Jacques et Jean, périrent glorieusement sur le champ de bataille.

Pierre de Lescar, cavalier dans le régiment de Gassion en 1638, *cornette* (2) dans le même corps en 1641, lieutenant au régiment d'Alais en 1644 et capitaine en 1649, devint, en 1652, lieutenant-colonel du régiment de Monclar, cavalerie.

En 1663, des lettres patentes du roi Louis XIV accordèrent l'anoblissement à Pierre et Menaud de Lescar, sur la production de certificats de service, signés des prince de Condé, vicomte de Turenne et duc de Meilleraie. Depuis cette époque cette famille compta toujours quelques représentants dans l'armée française. Elle s'unit vers la fin du XVIIe siècle, à la maison de Montmorency (3)-Bours, mais cette

(1) Je remercie M. Alfred Saint-Macary, notaire à Labastide, de m'avoir fait connaître ces illustrations de la famille Lafitte.

(2) On appelait ainsi l'étendard d'une compagnie de cavalerie et celui qui le portait.

(3) Les Montmorency se glorifiaient de descendre d'un des compagnons du roi des Francs, Clovis, qui en se faisant baptiser avec eux, fonda la nation française dans la religion catholique. C'est bien ce qu'indique la légende de leurs armes : *Dieu aide le premier des barons chrétiens.*

branche s'éteignit bientôt par la mort prématurée d'un fils issu de ce mariage, qui fut enterré dans l'église de Bellocq.

Le 24 août 1669, par acte authentique signé Desclaux notaire, Pierre de Lescar, colonel, achète à son frère Menaud (1) « *la maison noble grandge basse-cour et verger appelé d'Arnaut marchand, le tout anobly sous le nom de Lescar, scituées au faubourg de la ville de Bellocq avec tous les droits d'entrée aux Etats de la province, confrontant les dits biens vendus avec rue publique, maison et jardin de Tisnerat, foussés de la ville, maison et jardin du bouché, terres de Ste-Croix et autres confrontations* (2) *etc.* L'enregistrement de cette vente se fit à Bellocq même comme on peut le voir au bas de la pièce, dans la formule d'invitation ci-dessous en langue béarnaise, adressée aux juges curiaux :

« A Bellocq, en Cour ordinary, lou vingt et siex d'aoust mille siex cent sixante nau, tiengude per conscillers sieurs de Los deu Pocq et de Perulho jurats, au mande de Troncq bayle, ses presentat Mᵉ Pierre de Laussade advocat en ladite Cour qui a exibit lou susdit countract et demandat plasy à la Cour insinuar aqueigt au nom deudit sieur de Lescar Crompadour, et per la Cour après lecture feyte deudit contract per lou noutary de la cause, aquy aquere es estade ourdou-nade, loudit contract es estat déclarat per insinuat cheins préjudicy de timbre deu rey et deus ters sy sesguat et mandat a my notary en retienc acte et testimonys lous curieaux, et my dict notary. »

Cent ans plus tard, en 1769, meurt dans la même maison de Lescar, à Bellocq, Jean Lassalle, garde du roy. C'est qu'à défaut de descendance mâle, la famille de Pierre de Lescar s'appelle désormais Lassalle. La maison Lassalle existe encore sous le même nom dans la ville. La famille Lassalle était passée dans celle de Lescar tombée en quenouille. Dans son fameux rêve, l'abbé de Pujo aura donc raison de dire :

> *Lou Desclaux de Lescar que s'appere Lassalle,*
> *N'a gouayre que benè boutous debaigt la halle.*

---

(1) Dans une copie de son brevet de noblesse, il est dit : « qu'il a *presté es main de la Chambre des Comptes de Navarre, foy, hommage et serment de fidélité... en la forme ordinaire et accoustumée, estant teste nue, genoux à terre, sans espée, ceinture, esperons, manteau et gans, tenant ses mains jointes sur les quatre saints évangiles, etc. etc.* »

(2) Archives de la famille de Lescar. Ces confrontations se vérifient encore dans la maison qui porte ce nom, c'est bien la maison anoblie, celle qui a été habitée depuis par la famille Amadine.

Là on voit que la famille Desclaux elle-même a apporté son nom à la famille de Lescar, qui ne se départira pas du vieux nom doublement ennobli, et par les services militaires de son fondateur et par le décret royal.

Au dernier siècle, l'héritier de cette noble famille, toujours appelé de Lescar, d'abord mousquetaire dans la garde ordinaire du roy, devint conseiller au Parlement de Navarre. Il épousa Mademoiselle de Péfaur, abbesse de Puyoo, et petite-fille, par sa mère — une Trelay de Labastide — des de Béarn-Sendos. Il mourut au commenmencement de la Restauration, laissant à sa place Emile de Lescar qui fut le père d'Alfred de Lescar, mort à Puyoo, il y a une dizaine d'années, l'aïeul de Ernestine de Lescar, épouse du docteur Marcadet à Salies et le bisaïeul de M. Emile de Lescar de Crouscilles qui habite actuellement le château de Mosqueros, près de la même ville.

La distinction de la famille de Laussade, une de celles qui figurent au recensement de Gaston Phébus, apparaît dès l'année 1483. A la mort de François Phébus, sa sœur Catherine, future épouse de Jean d'Albret, était l'héritière légitime du Béarn. Jean de Foix, vicomte de Narbonne, invoque pour la première fois la loi salique pour détourner la succession à son profit, et trouve pour l'appuyer Jean de Béarn, seigneur de Gerderest, le baron de Coarraze, seigneur d'Andoins et Gramont, qui ne reculèrent pas devant le crime pour se débarrasser de la reine. Le maître d'hôtel et le pâtissier de Catherine étaient gagnés pour lui administrer le poison. Le domestique de Gerderest qui l'apportait fut soupçonné et arrêté et ses complices saisis. Gerderest fut arrêté par le prévôt de Laussade et enfermé dans la tour du château. Il expia son crime dans la tour du château de Montaner, et le gentilhomme de Goëren de Labastide, qui conspirait avec lui, eut son château démantelé (1).

Ce prévôt ou chef des officiers de justice, qui sauva la reine en cette circonstance et la vengea de ses ennemis, est le même ce semble qui, vingt-sept ans plus tard, fera dans son testament — nous l'avons vu plus haut — de grandes libéralités à l'église de Bellocq.

Nous connaissons Pierre de Laussade, commandant de place à Bellocq, en 1542. Cette famillle porte le même nom aux XVIIe et XVIIIe siècles, et plusieurs de ses membres occupent un rang distin-

(1) Congrès scientifique de Pau. 1873.

gué dans l'administration de la ville. Le 31 décembre 1748, un notaire de Laussade est inhumé dans l'église.

En 1758, Laussade praticien meurt dans la maison de Laussade à l'âge de 89 ans et il est aussi enterré dans l'église (1). La maison passe aux Lauret (2) Laussade.

La famille d'Abraham de Pilles, originaire d'Orthez, qui donna des commandants de place à Bellocq de 1616 à 1789, avait aussi rang de noblesse. Jean-Jacques de Pilles portait : *De gueulles frété d'argent à une fasce de sinople brochant sur le tout.* (Armorial général de 1696 — manuscrit de la bibliathèque de Pau nº 286).

Un signe caractéristique bien expressif du nom distingue les armoiries des Mosqueros, dont une branche possédait encore en 1823 la maison Abbadie de Bellocq ; ce sont les mouches à miel. Pierre de Mosqueros, sieur de la maison noble de Mosqueros à Salies, porte *d'argent à trois mouches de miel de sable mal ordonné partie de sinople à trois épis de blé d'argent posés en pals.*

Jean de Mosqueros, sieur de Lembeye, porte : *De gueules à deux épées passées en sautoir d'argent, les poignées et gardes d'or écartelé au deux d'azur au trois abeilles d'or et au quatrième d'azur à deux lions affrontés d'argent ornés et lampassés de gueules.*

De la vieille famille Espelette qui a marqué la maison de Pierre Mesplez, nous ne savons pas grand'chose et néanmoins elle a dû jouer un rôle important. Le 30 mai 1790, les membres du conseil communal assemblés dans le but de faire des députés au département de Navarrenx, voulant revendiquer leur ancien droit de nommer seuls un délégué, sans la participation des communes voisines, établissent leurs privilèges de ville, sur des faits et des titres nombreux si importants, disent-ils, « *que François d'Espelette sollicita et obtint de la reine Jeanne un des notaires de son Conseil pour la construction de ces titres papiers et documents ainsi qu'il paraît du registre qui en fait foi le 23 juin 1561 (3) ».*

(1) Archives municipales.

(2) Le premier Lauret vient de Sainte-Suzanne. En 1757, Pierre Lauret épouse Marie Dufourcq. Dans un acte authentique du 11 juin 1788, sur parchemin, signé Caupenne, notaire à Salies, Jean Lauret se promet en mariage à Jeanne Lataste de Salies, *de l'advis et assistance du sieur Antoine Lauret, dit Laussade, qui a succédé à la maison et biens de Laussade de Bellocq.* (Archives de la maison Lauret-Laussade).

(3) Archives municipales.

Enfin il ne faut pas oublier les familles d'Abbadie et de Los, dont les noms se conservent à deux maisons bien connues et qui sont classées aux archives départementales parmi celles qui étaient obligées de faire vérifier le dénombrement de leurs biens nobles.

Après les nobles nous citerons les bourgeois ou paysans les plus notables qui ont eu une part plus directe dans l'administration de la ville de Bellocq. Outre les Desclaux, Lassalle et Maury, dont il a été fait mention, nous trouvons en 1756, comme juge royal et en conséquence comme premier jurat ou maire de la commune, Cazaux dit Lay. C'est la même famille, sous le nom de Cazaubon-Lay, qui donna un maire à Bellocq à la veille de la Révolution. Un Destandau-Hourbaigt était alors adjoint. Comme simples jurats on trouve des Laussade, des Lescarboura, des Lagor, des Monjot (1), des Laulher, des Ducassou, des Perulho, des Pehau, des Paradges, etc. Impossible de relever tous les noms, les cahiers des délibérations municipales antérieures à 1789 ayant presque tous disparu.

Enfin deux noms à la fois anciens et nouveaux dans Bellocq sont celui de Boileau et celui de Semacoy.

Dans le vieil état-civil on trouve, en 1723, le mariage de Adrien Boileau, natif de Queschart (2), diocèse d'Amiens, habitant du bourg de Saint-Esprit dépendant de la paroisse de Saint-Etienne, et de Marie Ducassou de Belloc.

Quant aux Semacoy, ils viennent de S⁻-Macoy Domingo d'Ustaritz, établi à Bellocq en 1710.


## IX

### Bellocq et le Protestantisme

Un important sujet d'étude, quoique le moins agréable, c'est la division religieuse. Une controverse à ce sujet n'aurait pas ici sa place. L'histoire générale de la révolution du XVIᵉ siècle, malgré le vif intérêt qu'elle offre aux curieux, sort également du cadre res-

----

(1) Le dernier des Monjot s'est éteint à Petitborde, il y a une trentaine d'années, sa fille est morte religieuse, et sa veuve, Augustine Lapeyre, a couronné dignement la fin d'une famille chrétienne, en faisant des libéralités à la paroisse.

(2) Deux coïncidences à noter 1º Madame Pierre de Lescar au XVIIIᵉ s. était une demoiselle de Queschart, en sorte que les relations des deux familles ont pu attirer ce Boileau à Bellocq. 2º Le contrat de mariage de Pierre de Lescar est signé Despréaux notaire. On sait que le poète fameux né à Paris réunissait les deux-noms : Boileau-Despréaux.

treint d'une simple monographie. Loin de moi d'ailleurs le désir de rallumer tant soit peu par le récit trop détaillé des drames sanglants, que le protestantisme fit naître, une détestable haine entre concitoyens. C'est pourquoi, dans l'exposé des faits et leur appréciation qui s'impose, j'éviterai d'être long.

Les protestants à Bellocq comme en Béarn ne remontent guère au delà de l'année 1560, et leur séparation de l'Eglise catholique fut principalement l'œuvre de la reine Jeanne d'Albret et des ministres de son Conseil, la plupart étrangers venus de Genève. Merlin, l'un d'entre eux, fut le plus puissant sur l'esprit de la souveraine, il partagea largement avec elle la lourde responsabilité d'avoir déchaîné sur ce pays, avec le fléau de la désunion religieuse, les horreurs de la guerre civile.

Il y avait déjà quarante-cinq ans, qu'en Allemagne un moine audacieux, déséquilibré, avait osé s'élever contre l'autorité séculaire de l'Eglise, nier la sainteté de ses traditions, invariables gardiennes de la vérité révélée de Dieu, et introduire de nouveaux dogmes, ne voulant d'autre maître que la sainte Bible, d'autre guide pour la comprendre que l'interprétation privé du premier docteur venu, et même de quiconque sait lire (1). En proclamant le droit absolu au *libre examen*, Luther se promettait bien d'en régler lui-même l'usage dangereux. La guerre des *anabaptistes* lui montra bien vite au contraire, mais vainement hélas ! que Dieu se venge certainement de ceux qui ne craignent pas de porter une main téméraire sur l'arche sainte des dogmes catholiques.

La première punition du moine réformateur, qui érigeait une chaire d'enseignement à la place de celle que le Saint-Esprit avait

(1) Une réforme dans la discipline du clergé, proclamée nécessaire au Concile de Latran et désirée de tous les chrétiens sincères, servit de prétexte à cette formidable insurrection contre l'Eglise et ses dogmes sacrés. Or Luther en Allemagne et Calvin en France manquèrent totalement leur but. Malgré l'Evangile qui recommande l'union, ils divisèrent la grande famille du Christ. La subordination hiérarchique des clercs, qui est l'essence de la discipline ecclésiastique et la gardienne des vertus sacerdotales, loin de la restaurer, ils l'abolirent complétement ; et en mettant à sa place l'indépendance absolue du *libre examen*, par le mépris des vœux de religion, surtout du vœu de chasteté qui en fut la conséquence, ils causèrent chez leurs partisans un débordement de mœurs déplorable. Bien plus, en niant l'infaillibilité de l'Eglise, pour lui substituer leur propre infaillibilité, ils se rangèrent décidément parmi les incrédules, car leur reste de foi ne put se maintenir qu'à force d'illogismes, pendant que leurs disciples plus conséquents s'apprêtaient à nier la divinité du Christ et même l'inspiration de la Sainte Bible.

fondé à Rome, et dont il ne voulait pas, fut de trouver pour le combattre ses disciples eux-mêmes et ses propres doctrines. Nicolas Storck se mit à la tête d'une troupe de fanatiques, qui rejetaient l'autorité de Luther, et commençaient à appliquer les principes d'indépendance proclamés par lui, en secouant le joug qu'il avait voulu leur imposer. Ils rejetaient le baptême des enfants, dont ils ne trouvaient pas, disaient-ils, de trace dans l'Ecriture, et prétendaient en conséquence rebaptiser les adultes auxquels l'Eglise catholique n'avait pu conférer, selon eux, un sacrement valide, avant qu'ils eussent la raison pour faire l'acte de foi indispensable. Il s'en suivit des désordres sanglants, que Luther fut impuissant à arrêter. Dans son livre de la *Liberté* chrétienne, répandu par milliers dans les campagnes, il avait disposé tous les esprits à la révolte contre le Pape. Mais au nom des mêmes principes, un autre prophète, Thomas Munzer, prétendit renverser en même temps l'ordre de la société en prêchant un système d'indépendance politique, beaucoup plus à la portée des paysans que l'égalité et l'indépendance spirituelles. Il n'eut donc pas de peine à organiser une armée formidable de fanatiques, qui prétendaient à la fois rebaptiser les adultes et s'affranchir des seigneurs dont ils pillaient les châteaux. Naturellement les seigneurs s'organisèrent de leur côté, et la guerre ensanglanta l'Allemagne.

En 1560, la France elle-même est travaillée par les idées sectaires, répandues par Calvin. L'audace des réformateurs s'incarne dans un parti politique ayant à sa tête l'amiral de Coligny, qui ne complote rien moins que la perte des Guise, un autre parti puissant dévoué à la religion catholique, et l'enlèvement du jeune roi François II. La Conjuration d'Amboise, découverte et réprimée à temps, est le premier feu d'une longue guerre civile. Que de désordres encore en Angleterre et en Suisse auraient dû effrayer Jeanne d'Albret sur une pente fatale, en lui faisant juger l'arbre à ses fruits !... Elle ne comprit pas. D'autre part, nul besoin pour elle de réformer l'Eglise par les voies révolutionnaires, sous prétexte de réformer les mœurs et la discipline ecclésiastique. La réforme, la vraie, était commencée depuis plusieurs années, et s'accomplissait pacifiquement à Trente, dans un concile œcuménique, qui allait s'achever avec succès en l'année 1563. Malheureusement, elle ne sut pas profiter de ces grandes et terribles leçons et, loin d'avoir de l'horreur pour tant de graves désordres, parmi les quels n'étaient pas les moindres les autels renversés, les saintes images brisées, la messe supprimée, le culte abandonné, malgré son éducation catholique, sans égard pour la Sainte-Vierge qu'elle avait invoquée en donnant le jour à Henri IV, elle entreprit de changer la religion de son peuple (1).

C'est le 26 mars, jour de Pâques de l'année 1559, que Jeanne d'Albret participa pour la première fois à la cène calviniste. Dans les Etats réunis le 20 juillet de la même année, la réprobation unanime du Tiers-Etat se manifesta dans la délibération où ils supplient le souverain de poursuivre et chasser les personnes étrangères (lisez les ministres). Il n'y eut pas un seul opposant parmi les délégués des communes, et dans la noblesse, 4 *contre* seulement et 18 pour (2).

Félicitée par Calvin, le réformateur français, elle ne cacha plus, dès ce moment, son apostasie. Elle écrit aux jurats de Salies de maintenir dans leurs revenus ceux qui s'étaient défroqués (1561), elle ne voyage qu'accompagnée de ministres qui lui chantent des psaumes, elle laisse piller les églises par des bandes de partisans huguenots, et en 1563 elle interdit sous peine de mort — *a pene de bite* — les processions du T. S. Sacrement. Le 23 juin de cette année, les Etats se plaignent vainement de cette violation des fors et de la liberté de conscience. La noblesse commence à pencher vers le protestantisme, par courtisanerie apparemment plus que par conviction. 21 voix désapprouvent cette plainte contre 41 qui sont d'avis de l'envoyer à la reine. Mais parmi les délégués des communes, quatre voix seulement veulent tolérer ces fantaisies sectaires. Nous y trouvons pour la première fois Bellocq, avec Moncin, Salies et Sauveterre. Orthez n'est pas encore entamé par les idées de Réforme. Merlin raconte que cette même année, avant d'aller à *l'Esca, elle envoya un jour ou deux devant, qu'on ostat les idoles du temple.... sur l'heure même que la royne faisait defence aux consuls et prestres de la messe et des superstitions papales, la gresle tomba assez grande...* (3) Ce que Merlin ne dit pas, c'est que les cérémonies du culte catholique

(1) A sa décharge, on peut dire qu'alors les libelles calomniateurs dirigés contre le Pape, les évêques et le clergé en général, et les pamphlets haineux dont se servirent les apôtres de la prétendue Réforme, joints à la passion et à l'intérêt de parti, étaient de nature à aveugler même de grands esprits.

(2) Voir le *Protestantisme en Béarn et au pays basque* par M. l'abbé Dubarat. Réponse au pasteur Cadier (p. 59).

(3) *Bulletin du Protestantisme* tome XIV p. 231, 243, cité par M. l'abbé Dubarat.

étaient défendues sous peine de mort, et les fidèles, même les prêtres et les moines, obligés d'aller aux offices protestants (1).

L'excommunication de Pie IV, qui vint surprendre cette malheureuse reine (28 septembre 1563), ne put l'arrêter dans ses tristes exploits, au contraire, toujours par le conseil de Merlin, elle réunit un synode en septembre pour affermir les églises protestantes et obtenir que « l'idolatrie fut dutout abolie dans le pays ». Idolatrie, quand il s'agit du culte catholique, c'est à faire rire de pitié.

L'année 1564, l'inventaire de l'argenterie et des œuvres d'art de toutes les églises préluda à la saisie générale de tous ces meubles servant au culte divin. Nouvelle requête et blâme des Etats. Contre la majorité catholique, 19 nobles et 8 délégués des communes, dont Bellocq (2).

En 1566 parurent les fameuses ordonnances de Jeanne d'Albret. On y lit entre autres choses : 11. Défense à tous moines ou prêtres de mendier... 16. Il est commandé à tous pères de famille et tuteurs qui sont en charge d'enfants, de les faire instruire *à la parole de Dieu,* bonnes mœurs et discipline. 17. Il est permis à tous ministres de prêcher et de faire des prières en tous lieux et places du présent pays et souveraineté ; il est défendu à toute personne de les empêcher. 18. ...Il ne sera permis à aucun de la religion romaine de faire aucun prêche en aucun lieu de notre pays. 21. Défense aux prêtres, moines, chanoines, de faire aucun enterrement pendant les exhortations et prêches ; on les fera sans cérémonie et dans les cimetières. De plus, il est défendu à tous prêtres de la religion romaine de retourner aux lieux dont la religion romaine aura été extirpée et d'y être pour faire quelques actes ou exercices de celle-ci, soit en public ou autrement, de sonner les cloches aux morts, abusant par là de nos pauvres sujets, etc. Donné à Paris au mois de juillet de l'an 1566. Ainsi signé : Jeanne (3).

Ainsi le peuple est privé de tout secours religieux et les prêtres réduits à vivre d'une mendicité même interdite. On n'est pas plus audacieusement cruel.

(1) Poueydavant, t. I. p. 240, *Bull. du Protestantisme* 1891. p. 274 note.

(2) On sait combien les élus, dans certaines circonstances, représentent mal les opinions du peuple, surtout quand ils sont nommés sous la pression du gouvernement ou par le sentiment de quelque intérêt matériel. Quoi qu'il en soit, le vote de Bellocq dans cette minorité prouve qu'à cette heure les plus influents parmi les jurats étaient gagnés aux idées nouvelles.

(3) Voir l'abbé Poeydavant.

La France, travaillée elle aussi par les idées de réforme, inclinait vers la guerre civile, car les nouveaux apôtres ne dédaignaient pas de s'emparer du pouvoir pour mettre la force au service du protestantisme. Charles IX ne se trompait pas sur leurs tendances quand il disait à Coligny : « Il n'y a pas longtemps vous vous contentiez d'être soufferts par les catholiques ; maintenant vous demandez à être égaux ; bientôt vous voudrez être seuls et nous chasser du royaume. » Jeanne d'Albret réalisait dans son pays ce plan nouveau de conversion, imité de Mahomet, le duc de Grammont, son lieutenant général, y exécutait ses édits de persécution, malgré l'opposition (1) persévérante des Etats, où les huguenots étaient toujours en minorité jusqu'en l'année 1569.

L'oppression violente des consciences, par Jeanne d'Albret, durant cette période, ne peut faire doute pour personne. Elle a été établie sur de nombreux documents, qui anéantissent les dénégations intéressées des partisans actuels de la Réforme prétendue. Pour n'en citer qu'un parmi les plus explicites, nous l'empruntons à Salies, où il a été trouvé récemment par M. Alfred Saint-Macary, dans les archives de la famille de Coulomme. C'est une enquête du 3 février 1570, rendant compte de ce qui fut fait en 1563. On y lit : « Lo S<sup>r</sup> de La Mothe se transporta en lad. ville de Salies, en laquelle, au nom de la Dame, et habent expresse commission de S. M. per aquero far, defende tout exercici de la religion romana en lad. ville et aux caperans dequere y diser aucune misse, ni y far austes actes papisticxs, et aux habitants dequere et autres sons subjecs, no y assistir far, ni consentir y estar feytz aucun deusd. actes *a pene de bite* (2) ! » Quel horrible temps pour le Béarn ! Le roi de France soucieux de conserver dans ses Etats la religion catholique, chaque jour plus violemment menacée par une faction audacieuse et sans scrupule, songe aussi à délivrer les Béarnais d'un pouvoir tyrannique qui ne cesse de les opprimer ; mais pour surcroit de malheur, il va rendre suspects, plus odieux à la reine, ceux qu'il prétend défendre. Dans quelles limites le Béarn était-il une souveraineté indépendante ? Jusqu'à la suppression de toute vassalité à l'égard du roi de France,

(1) Les documents authentiques, c'est-à-dire les procès-verbaux des séances des Etats, conservés aux archives départementales, ne permettent pas de contester cette opposition. Ils ont été publiés par M. l'abbé Dubarat dans l'ouvrage déjà cité : *Le Protestantisme en Béarn.*

(2) Voir *Études historiques et religieuses du Béarn*, juin 1897.

disaient les protestants, et à leurs yeux les catholiques étaient coupables de trahison en acceptant son secours pour rétablir la liberté de professer leur foi (1).

Le 18 octobre 1568, pendant que Jeanne d'Albret procédait à la vente de l'argenterie des églises, pour soutenir la guerre contre le roi de France, Charles IX de son côté venait d'ordonner à Charles de Luxe de s'emparer du Béarn et de la Navarre, parce que la reine et son fils, disait-il, « *sont depuis peu avecques ceux de nos subjects qui se sont eslevés et assemblés en armes contre nous et nostre auctorité.* » De Luxe se met à la tête des basques et s'empare d'abord de Mauléon en Navarre. De son côté, le baron d'Arros, lieutenant général de Jeanne, assemble les Etats, qui jurent de vivre et de mourir les uns pour les autres, sans différence de religion, et décident d'envoyer deux délégués à la reine, un catholique et un reformé, pour lui demander ses ordres et pourvoir au salut du pays. La guerre va commencer, mais, on le voit, dit M. Dubarat, « il ne semble pas du tout que ce soit une guerre de religion. Le Béarn catholique, fidèle jusqu'à la fin, est tout à la reine, quoiqu'elle ne l'eût certes pas mérité par ses dernières exactions. »

C'est le 4 mars 1569 que le duc d'Anjou, frère de Charles IX et plus tard son successeur sous le nom de Henri III, envoya à Antoine de Lomagne, seigneur et vicomte de Tarride, l'ordre de s'emparer du Béarn, par suite « des actions et déportements de la reine de Navarre qui venait « d'adhérer avec les rebelles. » Plusieurs seigneurs catholiques soulèvent alors le Béarn et amènent de nombreux soldats à l'armée française. On en compta bientôt 2,000 (2) sous les murs de Navarrenx.

« Cependant la royne consola de la Rochelle ses subjets par une

(1) Les ducs de Gascogne, maistres et propriétaires du païs de Béarn, dit de Marca, gouvernaient par leurs lieutenants généraux, appelés vicomtes, quoiqu'ils fussent héréditaires, lesquels, dans le désordre de la maison de Gascogne, se rendirent maistres et seigneurs absolus de tout le domaine, de toute l'autorité et juridiction du païs, avec un si avantageux succès, que cette principauté n'a pu estre réunie à la couronne, qu'en fournissant à la France cet invincible héros, le roi Louis le Grand, et son héritier le roi Louis le Juste. »
Il n'en est pas moins vrai que Louis le Débonnaire avait établi ces vicomtes béarnais, avec pouvoir absoln de vider et décider les différends sans appel, et que cette autonomie n'allait pas jusqu'à anéantir tout droit de suzeraineté, dans les héritiers du pouvoir de Charlemagne.

(2) *Bulletin de la Société des Lettres, sciences et arts de Pau,* 1890-1891, page 136.

lettre datée du dernier d'Avril (1569) portée par le capitaine Pernil (Armand de Navailles, seigneur de Pernil) qui la donna à un conseiller de Betloc (Bellocq) nommé Bernard de Clos (des Claus) homme de bien qui la fit tenir aux consuls de Salies, qui la mirent es mains du sieur de Tarride (1), par laquelle elle les exhortait à s'assurer de voir bientôt le secours en Béarn et demeurer fermes en son obéissance (2).» Les auteurs protestants, Bordenave et Othagaray, accusent les troupes catholiques, marchant presque sans coup férir vers Navarrenx, d'avoir commis beaucoup d'horreurs et d'atrocités. A part certains faits isolés, bien inévitables dans une guerre, tout cela est bien suspect sous la plume d'historiens passionnés.

Lorsque les basques du seigneur de Luxe furent maîtres de Sauveterre, Salies, pour être bien traité par le vainqueur, offrit une rançon de 10,000 livres. Bellocq avec son commandant Othagaray (3) ne voulut pas capituler. Mais à l'approche de l'armée ennemie, tous les habitants s'enfuirent, sauf cinq catholiques et un vieux protestant, « qui fut soudain assommé à l'entrée de sa maison (4). » Ils se réfugièrent en masse à Bidache sous la protection du duc de Gramont.

De son côté, Jeanne d'Albret avait chargé Gabriel de Lorges, comte de Mongomery, le même qui dans un tournoi célèbre avait tué le roi Henri II, du soin d'aller combattre Tarride en Béarn.

Cet intrépide général, partant de La Rochelle, se rend en Albigeois et en Languedoc, où il réunit bientôt une armée protestante avec laquelle il traverse le Béarn sans obstacle, la terreur qu'il inspirait par le pillage, l'incendie et les massacres, ayant d'avance sur son passage déconcerté toute résistance (5), et arrive le 9 août près de Navarrenx. A la nouvelle de son approche, Tarride lève le siège et va

(1) Dans une enquête de 1570, dirigée contre Bernard de Coulomes, coupable d'avoir, en 1569, pendant que Tarride était près de Navarrenx, entretenu des intelligences avec l'armée catholique, nous trouvons avec lui luttant pour la liberté religieuse, les Du Fourcq, les Bacquer, les du Faur, etc. (Etudes historiques et religieuses du diocèse de Bayonne, septembre 1898).

(2) Othogaray, *Histoire des Comtes de Foix*, p. 612.

(3) Le père de l'historien.

(4) Cette accusation comme tant d'autres est de Nicolas de Bordenave, l'historien ministre, qui était prisonnier à Nay, et non d'un témoin oculaire.

(5) Une enquête de 1575 nous parle de 110 églises environ réduites en cendres de Lannemezan à Tarbes. Voir *Archives historiques, les Huguenots en Bigorre.*

s'enfermer à Orthez avec une armée décimée et découragée. Mais, ô désastre inouï, les huguenots entrent bientôt dans la place, après les massacres (1), le reste de l'armée catholique est prisonnière, et l'hérésie aveugle, intolérante, est encore maîtresse du Béarn pour une cinquantaine d'années.

Les capitaines de l'armée catholique s'étaient rendus, sous la promesse qu'ils auraient la vie sauve. Au mépris de la parole donnée, ils furent égorgés, le 24 août, à Navarrenx, par le lieutenant de Jeanne d'Albret (2). Ce fut une Saint-Barthelémy du Béarn. Que les protestants cessent donc de déclamer sur les massacres arrivés à Paris le même jour, trois ans après. Si tous les massacres, sans forme de procès, et en dehors de l'état de guerre, sont criminels, pour juger équitablement ceux de Paris le 24 août 1572, il faut tenir compte de l'état des esprits, des haines allumées, de la surexcitation intense, du droit prétendu de justes représailles, de l'affolement de la peur, et autres circonstances politiques dans lesquelles ils éclatèrent inopinément, et surtout ne pas exagérer à plaisir, comme on le fait, le nombre des malheureuses victimes.

Cinq catholiques seulement à Bellocq, à l'arrivée des basques, c'est bien peu. Tous les autres bourgeois étaient en fuite. Plus d'un dans ce nombre, il le semble du moins, était encore catholique dans le cœur. La peur de désobéir à la reine, peut-être aussi celle des vengeances exercées par les soldats en campagne, suffisait d'ailleurs pour les éloigner à leur approche. Ce qu'il y a de certain, c'est qu'après la violence, rien ne contribua mieux, à Bellocq comme dans tout le Béarn, au triomphe du protestantisme, que l'absence totale de prêtres

(1) C'est l'historien protestant Olhagaray lui-même qui dépeint l'affreuse boucherie qui eut lieu : « On tue, on massacre de tout costé : tant que finalement ayant esté fait un horrible carnage, le combat se relasche et s'appesantit. La rivière qui est un torrent fut toute teinte de sang, les rues couvertes à monceaux de corps morts, les couvents bruslés : ce qui augmentait la calamité de la ville, c'était le bruit et clameur des espouvantants et espouvantés meslés avec les lamentations des femmes et petits enfants, remplissant l'air d'une diversité pitoyable de cris » (Histoire de Foix, p.617). Ce fut une extermination, et par un raffinement de cruauté inouïe, on se saisit des ecclésiastiques et des moines, et on les précipita dans le Gave par une fenêtre creusée dans le parapet du pont d'Orthez, qui conserva jusqu'à sa destruction en 1814 le nom de *Fineste deus Caperàs*. Ce fait contesté par les auteurs protestants à l'encontre de la tradition et des historiens catholiques, est de nouveau établi sur des documents par M. Louis Batcave. (Voir Études historiques et religieuses. Août 1899).

(2) Ce massacre odieux est raconté par Bordenave et Olhagaray, leur témoignage ne peut être suspect.

et l'instruction sans contrôle ni opposition d'aucune sorte, que les ministres purent donner désormais aux générations nouvelles. Toutefois, rien de violent ne dure, cinquante ans plus tard, il ne faudra plus qu'un régime de justice et de liberté, pour que les Béarnais reviennent à la religion de leurs pères. La plus grande opposition à cet heureux retour sera encore à Bellocq, Salies et Sauveterre avec Orthez où persévère une petite minorité protestante, tandis que sa doctrine a été déracinée de tout le reste du Béarn. A cela il y a plusieurs causes. Et d'abord un fait remarquable, digne des plus graves réflexions, c'est que les populations béarnaises de l'ancien diocèse de Dax, qui, dès 1560, donnèrent à peu près seules, par les votes de leurs délégués aux Etats, une approbation quelconque aux entreprises sectaires de Jeanne d'Albret, sont encore les mêmes, et les seules à peu près dans leurs descendants directs, qui souffrent plus ou moins du mal de la désunion religieuse. Nous touchons ici à un mystère de justice divine qu'il serait imprudent de trop vouloir approfondir. Qu'il nous suffise de dire que le Juste Juge, qui exige un compte sévère des actes individuels, a le droit de se venger aussi, sur des collectivités, des fautes qui à quelque titre sont communes.

Dès son origine, la prétendue Réforme fut simplement une négation de certains dogmes traditionnels du christianisme, parmi lesquels le dogme fondamental de l'autorité divine, infaillible et indéfectible de l'Eglise. Dès lors qu'on enlève cette base nécessaire établie par J. C. il n'y a plus de foi (1), mais seulement des opinions individuelles.

« O Timothée, dit S. Paul à son fidèle disciple, gardez le dépôt de la foi qui vous a été confié, fuyant les profanes nouveautés des paroles, et tout ce qu'oppose contre la vérité, une doctrine qui porte

---

(1) La Bible elle-même n'a d'autorité que par l'Eglise qui nous dit : Voilà la parole de Dieu. C'est l'Eglise qui a écarté du catalogue des Livres saints tous les livres apocryphes, prétendus inspirés. C'est l'Eglise qui a retranché les passages interpolés dans les livres saints vraiment inspirés. Mais la foi qui repose sur la Bible seule, même certifiée par l'Eglise, avec le *libre examen* pour règle d'interprétation, n'est plus la foi divine, mais un ensemble d'opinions individuelles qui se contredisent et s'effacent graduellement, l'expérience le démontre. Pour être la foi divine, il lui manque le motif formel, qui est la souveraine véracité de Dieu, car cette véracité ne peut venir jusqu'à nous que par l'organe de l'Eglise qui conserve seule et interprète infailliblement sa parole, et c'est en vain qu'elle arrive pour ceux qui ne veulent pas croire à ses enseignements. Sans l'Eglise et sa direction souveraine, infaillible, religieusement suivie, nul ne peut-être sûr par lui-même, ni que le texte sacré est de Dieu, ni que le sens adopté dans l'interprétation du texte sacré, est bien celui de Dieu.

faussement le nom de science. » (1 Tim. VI. 20). Cette opposition à la vérité, qui a revêtu diverses formes dans le cours des âges chrétiens, Dieu l'a tantôt anéantie, tantôt contenue dans de certaines limites et et empêchée de prévaloir, soit en inspirant à l'Eglise ses solennelles définitions du dogme, devant lesquelles l'Univers s'incline, soit en lui suscitant pour apologistes des hommes de génie qui ont fait sa gloire, Origène contre les philosophes païens de l'école d'Alexandrie, saint Irénée contre les gnostiques, saint Justin, Tertullien, saint Cyprien, saint Ambroise, saint Augustin etc., etc. A toutes les attaques de l'incrédulité ou de l'hérésie, l'Eglise a toujours pu répondre honorablement et victorieusement, même lorsque les prétendus réformés vinrent après quinze siècles de christianisme, avec une audace inouïe, soutenir que l'Eglise s'était trompée, que plusieurs de ses dogmes n'étaient pas enseignés dans les premiers siècles, qu'ils étaient de pures nouveautés contraires aux Saintes Ecritures, et qu'il fallait les abandonner. Dans les divers *Colloques,* la science catholique faisait bonne figure, en Allemagne, avec les Ecks, les Emser, les Priéras ; en France à Poissy, avec le cardinal de Lorraine, et surtout le P. Laynez, général des Jésuites, qui confondirent Théodore de Bèze ; mais que peuvent les meilleures raisons contre les passions déchaînées des princes et des peuples égarés par les audacieuses affirmations des protestants. Les interprétations hasardées, fausses, des Ecritures, étaient dévoilées, condamnées à la lumière de l'histoire et de la tradition, appuyant le sens catholique, et c'était nécessaire, non pour les hommes de foi (1), qui s'en rapportaient à l'Eglise, mais pour tant de têtes indécises, pour tant d'âmes simples, qui veulent toujours des preuves, et s'en rapportent néanmoins au dernier qui leur parle, n'ayant ni l'esprit ni la science pour distinguer la vérité de l'erreur. Dans beaucoup de petites paroisses, il aurait fallu, chose bien difficile à obtenir, surtout à cette époque, autant de prêtres savants et pieux (2), pour réduire à néant les prétentions théologiques, non seulement du défroqué, en rupture de ban avec ses vœux

(1) Une réponse péremptoire pour les hommes de foi, c'était l'argument de prescription formulé par S. Augustin, et qu'on peut opposer à quiconque, faute de documents connus, refuse de croire à tel dogme, parce qu'il n'en trouve pas trace dans les quatre premiers siècles du christianisme : « Un dogme qui a été cru toujours, partout et par tous, il faut nécessairement le regarder comme venu des apôtres. »

(2) C'est pourquoi le saint Concile œcuménique, réuni à Trente, décrétait alors une des réformes les plus importantes, la création et l'organisation des séminaires, foyers de science et asiles de piété pour les clercs.

solennels, mais encore du seigneur orgueilleux (1), plein de suffisance, se hasardant lui aussi à dogmatiser contre la confession, pour endormir les remords de sa conscience. On signale encore au cœur des Cévennes, une paroisse toute catholique, au milieu des autres mélangées, et on sait qu'elle doit ce bonheur au courage et au zèle, de même qu'à la science de son curé, qui, à la nouvelle qu'un ministre du protestantisme venait pour la première fois prêcher ses ouailles, alla l'attendre à l'entrée du village et disputa victorieusement contre lui en présence de ses paroissiens édifiés, rassurés (2). Combien de curés insuffisants de doctrine furent ébranlés dans leur foi en entendant les nouveautés luthériennes et calvinistes, affirmées avec audace, sur la foi d'une histoire inconnue et des Ecritures mal comprises ! Le curé de Bellocq fut, hélas ! du nombre de ces victimes d'un dogmatisme aventureux, plus funeste aux époques troublées, et le malheureux exemple de sa défection explique trop bien celle de la presque totalité de ses paroissiens. Plusieurs curés voisins d'ailleurs entre Orthez et Salies étaient dans la même situation lamentable (3). Il faut convenir aussi que la discipline ecclésiastique, entravée par la loi civile dans ce district béarnais du diocèse de Dax, offrait moins de résistance à la Réforme. Un des articles du For, ne permettait pas que les prêtres du Béarn fussent jugés en dehors du territoire. Cette disposition était encore en vigueur à Montaner et à Pontacq, dans le dernier siècle. L'évêque de Tarbes, ne trouvant pas dans son district béarnais un homme capable pour remplir les fonctions d'official, avait obtenu du roi d'être dispensé de le nommer, et de faire juger les affaires des ecclésiastiques du Montanarez, dans sa ville épiscopale. L'opposition du Parlement de Navarre, par arrêt du 27 mars 1733, l'obligea d'adresser une nouvelle requête à Paris, et le roi, pour concilier les intérêts opposés, décréta que pour juger ces sortes d'affaires, l'official établi à Tarbes se transporterait, avec le promoteur et le secrétaire de l'officialité, soit à Pontacq, soit à Ger, pour y rendre la justice dans les causes de sa compétence, qui exigeraient

(1) Les meilleurs apôtres du protestantisme, en France comme en Allemagne, furent certains seigneurs, grands et petits, tout-puissants dans leurs communes, quelquefois dans toute une contrée. Ils trouvaient admirable une doctrine qui, en les affranchissant du joug de Rome, leur permettait de s'emparer çà et là des biens ecclésiastiques abandonnés, et de les garder ensuite. S'ils ne dogmatisaient pas dans des chaires, ils défendaient par la force, l'autorité branlante du nouvel évangile.

(2) Voir l'*Histoire du Protestantisme dans les Cévennes* par l'abbé Olier.

(3) D'après l'abbé Poeydavant.

la présence des parties et la comparution des témoins (1). Jusqu'en 1526, les affaires ecclésiastiques des districts béarnais, étaient soustraites, pour la même raison, aux évêques propres, et ressortissaient à l'officialité de Lescar. C'est alors que les évêques de Dax et de Tarbes, pour exercer la juridiction contentieuse sur tous leurs sujets, furent obligés de se constituer, celui-ci un official à Pontacq, et celui-là un autre à Orthez.

Paralysé d'un côté par les édits de Jeanne d'Albret, d'un autre impuissant à traduire les prêtres indignes, devant un tribunal libre de les condamner, l'official d'Orthez se trouva encore arrêté et désarmé devant les coupables, par les patrons des cures, dont plusieurs avaient embrassé la religion nouvelle. Pour diverses raisons, les uns par faiblesse, les autres par peur, tous sous l'impression de la faim menaçante, certains prêtres étaient devenus « le sel affadi », incapables de sauver leur troupeau (2). Autre fait regrettable, l'évêque de Dax n'était pas, de 1556 à 1576, au milieu de ses diocésains, lorsqu'ils auraient eu le plus de besoin de sa ferme et intelligente direction, et de ses encouragements paternels.

C'est pourtant une belle et noble figure dans l'histoire, que ce François de Noailles, évêque de Dax durant la période la plus tourmentée des guerres religieuses, qui firent tant de mal au district béarnais de son diocèse.

Jeune encore, n'étant qu'aumônier du roi, François de Noailles avait été envoyé à Rome et en Angleterre pour y traiter des affaires importantes, et il y avait montré une sagacité si remarquable d'esprit, déployé tellement les qualités brillantes d'un homme d'Etat, que l'évêché de Dax ne parut pas une trop grande récompense de ses services. Il n'avait alors que trente-sept ans. Henry II qui lui donna cette nouvelle marque de distinction, ne crut pas pouvoir, pour cela, se priver des ressources puissantes de son esprit pour traiter les affaires les plus délicates de la diplomatie. Il l'envoya successivement

(1) *Histoire du Montanarez,* par l'abbé Marseillon. Pau, Léon Ribaut, 1877.

(2) Poeydavant porte à 150 le nombre de ces prêtres qui, dans tout le Béarn, donnèrent le triste exemple de l'apostasie. Outre que plusieurs d'entr'eux sont comptés par erreur au nombre des transfuges, on voit d'ici combien la prétendue Réforme excita peu d'enthousiasme dans le clergé et le peuple béarnais.

en Angleterre (1), à Venise où il n'oublie pas son diocèse de Dax, ni les désordres causés par les protestants, auxquels il lui tarde de venir remédier, comme en témoignent ses lettres au chapitre de sa cathédrale... à Constantinople où il obtient du sultan la liberté de tous les chrétiens captifs. Il soutient, il est vrai, la politique de Charles IX, qui refusait d'entrer, selon les vues de Pie V (2), dans une ligue générale contre la barbarie musulmane, et il recommanda même, avec de bonnes intentions sans doute, l'alliance avec la Turquie qu'il était loin d'aimer. Tel était l'évêque de Dax, séparé malgré lui de son troupeau pendant que l'hérésie faisait tant de ravages. Mais en 1574 il est remplacé comme ambassadeur par son frère et rendu tout entier à son ministère pastoral (3).

Dès l'arrivée à Dax de Monseigneur de Noailles l'hérésie fut désarmée dans la ville. C'est que l'évêque était non moins éloquent qu'habile et fort dialecticien, et il attaquait l'ennemi partout où il pouvait le trouver. Personne n'osait plus disputer avec lui. Par le prestige de ses qualités brillantes, autant que par l'éclat de la vérité, il eut le bonheur de ramener vingt familles dacquoises dans le giron de l'Eglise.

On pouvait concevoir, du retour de Monseignenr de Noailles, de belles espérances pour la restauration de la foi catholique, même dans la région béarnaise du diocèse de Dax. Il y avait là de bien lamentables ruines, à en juger par ce passage d'une lettre qu'il écrivit au roi, le 20 juillet 1585. « Sire, disait-il, les misères et les calamités de ce pouvre évesché ne sont comparables à aucune aultre du royaume, tant les ecclésiastiques d'icelluy sont affligés, et tellement expulsés de tous moyens, que la plus grande part des curés n'ont de quoy vivre et servir leurs églises, de sorte qu'aulcuns d'eux ont été

(1) La ville de Calais fut assiégée d'après ses plans et prise aux Anglais par le duc de Guise.

(2) Ce glorieux Pape, que l'Eglise a mis au nombre des saints, répondait aux outrages des protestants en sauvant l'Europe attaquée par une nouvelle invasion barbare. Les divisions religieuses et les guerres sanglantes entre chrétiens, parurent à Mahomet II, sultan de Constantinople, une circonstance favorable pour réaliser ses projets de conquête dans l'Europe occidentale. Mais Pie V veillait au milieu de l'indifférence générale. Avec les subsides amassés à grand'peine dans le monde catholique, il réussit à armer contre les infidèles, la république de Venise, et la puissance d'Espagne-Autriche, gouvernée alors par Philippe II. Une grande bataille fut livrée sur mer au Croissant, dans le golfe de Lépante, le 7 octobre 1571. L'étendard papal des clefs dominait l'armée chrétienne.
La flotte musulmane, montée par 80,000 hommes, fut mise en déroute

contraints de quêter et abandonner leurs cures, qui sont à présent destituées de pasteurs et sans aucune administration des Sains Sacrements (1) ».

Combien d'égarés seraient revenus plus tôt au bercail, combien de plaies cicatrisées, si François de Noailles avait eu le temps et la force de visiter fréquemment les paroisses troublées, disloquées par l'hérésie ! Malheureusement, la santé de l'évêque, ébranlée par tant de labeurs et d'amères tristesses, ne lui permit pas de poursuivre cette œuvre de réparation. Le 20 septembre de la même année 1585, il mourut à Bayonne en revenant des eaux de Cambo, avant que la conversion d'Henri IV (1594) eût réouvert le Béarn à la libre circulation des pasteurs catholiques (2).

X

### Bellocq. — Restauration de la foi catholique sous les règnes de Henri IV, Louis XIII et Louis XIV.

La conversion d'Henri IV, en désarmant l'opposition catholique des *ligueurs*, étouffa pour un temps la guerre civile, et fut un grand soulagement pour tous, même pour les huguenots, malgré qu'ils vissent s'évanouir certains rêves de domination. On a pu suspecter la sincérité de cette conversion du fils de Jeanne d'Albret, et l'attribuer uniquement à l'intérêt politique : sur cette matière, moins que sur d'autres, il n'est permis d'être exclusif dans son jugement. Après avoir abjuré les erreurs des protestants pour épouser Marie de Médicis, Henri IV revint à leur religion, parce qu'il avait besoin d'eux pour arriver au trône de France, mais dans le cœur il inclinait bien davantage vers la foi romaine, les actes de son règne le prouvent. Pendant qu'il combattait contre les catholiques, effrayés de sa reli-

par l'armée de don Juan d'Autriche, pendant que le Pape adressait et faisait adresser partout d'ardentes supplications à la Sainte-Vierge Marie. Curieuse coïncidence, c'était l'heure où le culte de la Mère de Dieu venait d'être proscrit en Béarn.

(3) Voir l'abbé de Vertot : *Ambassades ; et le Bulletin de la Société de Borda*, 1888, p. 209. *Un Evêque de Dax*, par l'abbé Gabarra, curé de Capbreton.

(1) L'abbé Gabarra : *Un Evêque de Dax.*

(2) Cette même année 1594, de Marca, le futur historien du Béarn, qui fut président au Parlement de Navarre, et mourut archevêque de Toulouse, nacquit à Gan. Pour le faire baptiser, faute de prêtres catholiques dans le pays, ses parents durent aller jusqu'au monastère de Saint-Pé-de-Bigorre. (Histoire de l'abbé Poueydavant : *Les troubles du Béarn au XVIe siècle*).

gion, il négociait avec le Pape. Revenu tout de bon à la foi de ses pères, en face des parisiens obstinés, qui exigent cette condition pour lui ouvrir leurs portes, il se conduira dans son gouvernement comme un prince sincèrement catholique, et son amour légendaire pour le peuple sera marqué par son bon vouloir pour le ramener de ses erreurs.

Il déférait volontiers aux désirs des évêques. S. François de Sales, évêque de Genève, qui n'avait pas recouru en vain à sa puissance pour délivrer de l'oppression les catholiques du pays de Gex, lui rendra, de ces bonnes dispositions, un glorieux témoignage, lorsque en 1610 le prince tombera frappé à mort par le poignard d'un fanatique exalté. Il semble donc que sous son règne, les catholiques béarnais, et en particulier ceux de Bellocq, ne furent pas oubliés. En effet, il fit beaucoup pour eux, et s'il ne fit pas davantage, c'est que la puissance des protestants posa des entraves à l'exécution de ses édits de justice, et de liberté religieuse.

L'Édit de Nantes, entr'autres dispositions, assurait aux protestants 200,000 livres pour payer leurs ministres, mais les obligeait en même temps à payer les dîmes dont vivait le clergé catholique. Ce règlement de finances dut être renouvelé dans l'Édit de Fontainebleau, rédigé tout exprès pour le Béarn, car nous trouvons qu'en 1610, dans la répartition des secours par la Chambre des Comptes, Samson Olhagaray, ministre à Bellocq, reçoit la somme de 450 livres *tournoises*, et André de Béziade, son cathéchiste, la somme de 60 livres. De là on peut inférer que déjà les moines de Sordes et l'évêque de Dax ont repris possession de leurs droits (1), et qu'au moyen des revenus de la dîme, il a été pourvu de quelque façon au service religieux des catholiques.

Quel était au juste le nombre de ces derniers, et avaient-ils pu rentrer en possession de leur église ?

Et d'abord, c'était un fort petit troupeau, destiné seulement à grandir avec l'aide de Dieu, celui que la politique néfaste de Jeanne d'Albret avait plus que décimé. Le chiffre exact, on ne peut l'évaluer, parce que les statistiques d'une époque postérieure se contredisent ; et que d'ailleurs elles font une confusion, ce semble, entre la ville

(1) Les évêques d'Aire, Tarbes et Dax, à l'assemblée du Clergé, avaient obtenu cette restitution de leurs biens, qui ne se fit pas sans de violentes protestations. D'après l'abbé Poueydavant, les protestants de Bellocq ne furent pas des moins opposés à ce grand acte de restitution légitime.

seule de Bellocq et tous les habitants de son territoire (1). Une enquête de M. de Doat, au sujet de l'exemption du droit de *péage* que revendiquait de tout temps la commune de Bellocq, porte le nombre de ses habitants, pour l'année 1656, à 250 seulement (2). En 1665, Bellocq comprenait 12 familles catholiques, composées de 55 personnes, 65 familles protestantes composées de 400 personnes, un temple et un ministre (3). Vingt-quatre ans plus tard (1699) la population se trouve montée tout d'un coup de 465 à 797 habitants répartis dans 194 feux, d'après l'intendant Pinon (4). En 1792, une constatation du maire affirme le chiffre de 1100 âmes (5). Aujourd'hui, d'après les recensements officiels, il y a à Bellocq 1000 habitants environ, et dans ce nombre, une centaine de catholiques en plus que de protestants. On voit que dans l'espace de deux cents ans, la population a plus que doublé. Or cette augmentation semble due pour une bonne part à l'immigration dans la ville de Bellocq et ses abords, des habitants disséminés autrefois dans le terrain communal. Nous inclinons à croire que la statistique de 1665, où les catholiques ont si peu de place, est faite seulement pour la ville, et que leur nombre était plus grand dans l'ensemble.

Quant à l'église, comme en d'autres villes du Béarn, elle resta fermée aux catholiques, et les protestants en eurent la jouissance pour leur culte jusqu'à la majorité de Louis XIII. On sait la fière et chrétienne réponse de ce prince, à Arzacq, aux envoyés du Parlement de Pau, qui désiraient savoir quels honneurs il fallait lui rendre lorsqu'il entrerait dans la ville de ses ancêtres. Apprenant qu'il n'y avait pas une seule église ouverte, à cause de l'intolérance protestante, et que les catholiques étaient obligés de se réunir à la campagne : « Je ne recevrai pas des honneurs, dit-il, car il ne convient pas qu'un roi de la terre soit honoré dans une ville où le roi du Ciel n'a pas un temple pour recevoir des honneurs (1620) ». Et il traversa la capitale d'Henri IV sans s'arrêter, pour arriver à Navarrenx, où il fit ouvrir l'église aux catholiques, et célébrer une messe solennelle. C'est à partir de ce moment que les catholiques des villes purent rentrer en

(1) La distinction de ces groupements apparaît dans une lettre de Gaston de Foix : *è souus bezines et poublans de Labastide de Bellocq.* (Arch. des B.-P. E. 2195.

(2) Arch. des B.-P. E. 2195.

(3) Archives Nationales, 7e tome, 257).

(4) Communication bienveillante de M. Louis Batcave.

(5) Voir archives de Bellocq, délibérations municipales.

possession de leurs églises. Bellocq était dans cette catégorie. Les protestants se bâtirent des temples çà et là, lorsqu'ils refusaient de retourner à la foi romaine. Ils y étaient quelquefois aidés par les catholiques, heureux d'obtenir enfin justice et de vivre en paix avec eux. Nous venons de voir que le temple de Bellocq était sur pied en 1665.

Ce ne fut pas sans difficulté ni sans secousse violente ni sans de longs retards que la paix religieuse fut rendue aux Béarnais, même après la conversion d'Henri IV et le voyage de Louis XIII dans leur pays. Le retour en masse des populations à la foi romaine, dès les premières missions, à Luc, à Monein et à Gan, exaspérait les protestants (1). Ils empêchèrent le P. Colom de prêcher à Pau. Réduit à prêcher en dehors de l'enceinte de la ville, à Jurançon, le vaillant apôtre encourut les censures des ministres qui se réunirent en synode pour faire gravement de l'infaillibilité à rebours. Le synode de Gap, au grand scandale des protestants honnêtes, de Sully lui-même, n'avait-il pas défini que le Pape était l'antechrist ? Le premier curé de Salies après le triomphe du protestantisme, fut un prêtre du diocèse d'Auch, Gérard de Labadeux, à qui les jurats, poussés par les ministres Casse et Bégué, refusèrent l'entrée des temples de Saint-Vincent et de Saint-Martin. Henri IV allait y mettre bon ordre, lorsqu'il fut frappé à mort. Mais, quand dix ans plus tard Louis XIII eut ouvert les églises des villes, et pressé la restitution des biens ecclésiastiques, les protestants reprirent les armes pour conserver le règne de l'intolérance. On sait au prix de quels efforts et de quels douloureux sacrifices leur puissance fut enfin domptée à Salles-Mongiscard, dont les tours furent rasées. En même temps, tous les châteaux-forts du Béarn furent démantelés.

Pour avancer le règne de Dieu, l'Eglise catholique ne dédaigne pas les faveurs du pouvoir civil, mais, à son défaut, la justice et la liberté lui suffisent ; nous en trouvons une preuve dans le nombre toujours croissant des catholiques de Bellocq avant la révocation de l'Edit de Nantes. Ils étaient 55, avons-nous vu, en l'année 1665. En

(1) Ces missions furent prêchées tout d'abord par deux religieux de la Congrégation italienne de S. Paul et Barnabé, d'où le nom de *Barnabites*, le P. Olgiatti et le P. Colom, qui avaient été envoyés en Béarn par le Pape à la demande d'Henri IV lui-même. Le P. Zacharie Colom, de Pau, un désabusé du protestantisme, qui avait consacré sa vie au salut de ses compatriotes, excitait des sympathies et disposait favorablement l'auditoire par le récit touchant de sa conversion.

1667, le testament de Pierre de Lescar, colonel de cavalerie, révèle d'autres conversions de protestants, car on y lit :

« ..... Item le susdit sieur testateur, laisse et lègue la somme de trois cent livres pour être distribuées aux pauvres tant du présent lieu que d'ailleurs, *aux nouveaux convertis à la foi et religion catholique qui se trouveront en nécessité,* laquelle somme de trois cent livres sera distribuée par les soins du sieur Curé et dame de *Queschart-Lescar.* » (1).

À cette date les catholiques de Bellocq paraissent réorganisés sous la conduite d'un pasteur résidant au milieu d'eux. L'official d'Orthez ou vicaire général de l'Evêque de Dax pour ce district béarnais, rétabli en 1624, n'avait rien négligé pour mettre des pasteurs à la tête des paroisses. Nous avons trouvé, à je ne sais quelle date, un abbé Ducournau vicaire de Bellocq, et promoteur de la foi. Ce ne peut être qu'un vicaire desservant, de la première période de réorganisation, car les catholiques suffisaient à peine à occuper un prêtre, comment en auraient-ils occupé deux ? D'ailleurs leur nombre était insuffisant, puisque pour Salies il fallut faire venir du diocèse d'Auch, Gérard de Labadenx.

Il est certain que les catholiques de Bellocq ont un curé dès l'année 1650, car il se fait délivrer par de Paradge, notaire, copie du testament de Laussade, pour rentrer en possession de la prébende de Labaigt. Il s'appelait Jean Laborde. Un prêtre du même nom, curé de Lanneplàa, et qui pouvait être son oncle (2), avait déjà poursuivi longuement, jusqu'au tribunal suprême, le Parlement de Navarre et emporté de haute lutte la propriété de la prébende du Faur, que des ventes illicites avaient fait changer de mains. La sentence de condamnation portée contre les injustes détenteurs est du 13 mars 1617 (3). Ils y reçoivent néanmoins des compensations et sont main-

(1) Archives de la famille de Lescar.

(2) Henri de Laborde-Peboué (auteur des Mémoires ou « *Relation des événements de Basse-Guienne* », publiés en 1869 par M. le baron de Cauna), à la fin du tome III de l'*Armorial des Landes,* parle de son frère le curé de Lanneplaa, et il ajoute : « Dans ma famille, il y a trois prêtres, à savoir mon frère et deux de mes nebveux ; mais par la grâce de Dieu il y en a à présent quatre, car un autre mien nebveu, le plus jeune nommé Laborde de Chinon, a dit sa première messe à Maylys, le lundi de la Pentecôte, 26 mai 1670. » C'était une famille appartenant à la petite noblesse de Chalosse, Jean de Laborde mourut à Lanneplaa en 1670 après un long ministère de 57 ans.

(3) Voir Bulletin de la Société de Borda année 1888 p. 150.

tenus dans l'exploitation des immeubles à condition de payer le prix convenu du fermage. Le 6 octobre 1679, cette prébende du Faur est encore en jouissance au nouveau curé de Lanneplàa, l'abbé de Candau.

En 1693, apparaît l'abbé Dutilh, d'Orthez, docteur en théologie. Par acte passé devant notaire, à Orthez, le 25 mars 1707, il obtient jouissance de la prébende du Faur laissée jusqu'alors à M. Planis de de Candau. Quelques années avant son installation à Bellocq, une réformation importante avait rendu plus aisé et apparemment plus fructueux son ministère au milieu des protestants. En 1685, Louis XIV avait révoqué l'Édit de Nantes, et prétendu soumettre les dissidents à l'Église catholique, en suscitant des entraves de plusieurs sortes à ceux qui ne voudraient pas lui obéir. On ne peut approuver sans de grandes réserves l'acte du roi. Toutefois, pour le juger sainement dans son exécution en Béarn, notamment à Salies, et réduire à leur simple valeur les critiques passionnées, violentes, parfois injustes des Réformés sur cette matière, il convient de rappeler un document authentique sur l'évangélisation de Jeanne d'Albret : « Lo s<sup>r</sup> de La Mothe se transporta en ladit'ville de Salies, en laqualle, au nom de lad'Dame et haben expresse commission de S. M. per aquero far, defende tout exercisse de la religion romana en lad'ville, et aux eaperans dequere y diser augune misse, ni y far autres actes papisticxs et aux habitants dequere et autres sous subjectz, no y axistir, far ni consentir y estar feytz aucuns deusd' actes, *a peine de bile* (1) ». Telle fut en 1563 la tolérance de Jeanne d'Albret, comme celle de tous les souverains protestants des derniers siècles. Ces mesures rigoureuses permettent de juger plus équitablement la conduite de Louis XIV à l'égard des protestants.

L'édit de la Révocation parut le 18 octobre 1665 en douze articles. Il supprimait tous les priviléges accordés aux protestants par Henri IV et Louis XIII, interdisait l'exercice public de leur religion, condamnait à l'exil les ministres qui ne voulaient pas se convertir, défendait aux calvinistes de tenir aucune école, décrétait des peines pour ceux qui retomberaient dans l'hérésie, et des récompenses pour ceux qui retourneraient à la foi catholique, et permettait enfin aux huguenots de faire le commerce sans qu'on put les inquiéter sous prétexte de religion, pourvu qu'ils ne s'assemblassent point pour exercer leur culte. Pour avoir un état civil, les protestants étaient

(1) Le Protestantisme à Salies en 1563. Études historiques et religieuses de M. l'abbé Dubarat. Juin 1897.

obligés de se marier devant le curé. C'est au curé aussi qu'ils devaient porter leurs enfants pour les faire baptiser.

C'est l'intendant Foucault qui fut chargé d'exécuter l'édit en Béarn. Le 16 avril 1685, rendant compte de son application à Bellocq, il dit qu'à l'arrivée du commissaire, les ministres qui s'y étaient donné un rendez-vous général se sauvèrent. Le 18 avril, le temple fut fermé et bientôt démoli. Alors les protestants se réunirent dans les bois entre Bellocq et Salies pour y chanter des psaumes, et bien que la police réussit parfois à les en empêcher, ils persévéraient dans ce culte religieux.

Tel est l'acte d'intolérance qui suscita tant de colères parmi les protestants et en fit émigrer un grand nombre, qui aimèrent mieux quitter la France que se soumettre, même extérieurement, à l'ordre royal. Cette émigration fut sans doute une grande perte, mais elle fut compensée par les catholiques irlandais qui fuyaient eux aussi la persécution de la protestante Angleterre, et s'établissaient en France à la même époque.

Henry d'Abbadie, originaire de Bellocq, émigra en Hollande. D'une consultation d'avocat donnée à son sujet (1), il résulte qu'il ne put pas, à cause de son insoumission, et *parce qu'il avait porté les armes contre son roi et son pays*, instituer héritières ses sœurs Esther et Catherine d'Abbadie. Au lieu de réunir au domaine les biens des émigrés, déclarés incapables de tester, le roi les adjugeait aux plus proches parents (2).

Les documents de l'époque qui précèdent la révocation de l'Edit de Nantes, montrent que le roi fut amené à cet acte de sévérité par les excès des protestants. Comme l'a dit un écrivain peu suspect de tendresse envers les catholiques, Michelet, « la France bornée dans ses succès par la Hollande, sentait une autre Hollande dans son sein, qui se réjouissait des succès de l'autre ». Les protestants étaient accusés d'intelligences secrètes avec l'étranger.

Les craintes des catholiques à leur endroit se manifestent dans l'édit royal de 1679, portant « défense à ceux de la religion prétendue réformée, de tenir des synodes sans la permission de Sa Majesté et sans l'assistance d'un commissaire qui sera nommé par le Roy ». Ces assemblées religieuses s'occupaient aussi de politique. Sous

(1) Archives de la famille de Lescar.
(2) Édit de 1689.

Henri IV, le commissaire du roi était choisi parmi les protestants (1),
ce qui n'empêchait pas les troubles causés par ces réunions (2). Par
la déclaration du 27 décembre 1679, Louis XIV se réserve de nommer
des commissaires catholiques.

La déclaration du Roy de 1681 avait aussi une raison empruntée
aux circonstances. Elle porte que « les consuls des lieux où il n'y a
point de juges résidents, peuvent aller chez les malades de la religion
prétendue réformée, pour recevoir leur déclaration, s'ils veulent
mourir en lad. religion ou se faire catholiques. S'ils veulent, les
consuls feront venir les ecclésiastiques qu'ils auront demandé, *sans
que leurs parents ou autres puissent donner aucun empêche-
ment* (3) ». Quelle juste et précieuse liberté que celle des mourants !
Même en plein siècle de liberté, l'expérience démontre que plus d'un
protestant, catholique de cœur, changerait de religion s'il n'était
retenu par le respect humain et la peur d'être tourmenté par ses
parents ou autres coréligionnaires enragés de fanatisme. Dans les
familles de religion mixte, il arrive parfois des entraves au ministère
du prêtre auprès des malades catholiques. Qu'était-ce donc à une
époque d'intolérance, de troubles religieux et politiques et de passions
surexcitées, contrariées, déçues amèrement ? Entre les partis extrê-
mes, que de consciences indécises auraient eu besoin d'encourage-
ment et de protection pour échapper aux tortures du dedans et du
dehors ! Réserve faite des abus qui se glissent dans les meilleures
institutions, on ne peut blâmer Louis XIV d'avoir voulu assurer sur
ce point une complète liberté de mourir avec le secours des sacrements. On ne peut pas non plus le condamner absolument d'avoir
employé la force armée pour protéger les missions.

Les *Dragonnades*, quel sujet, avec l'Inquisition (4) a fait verser
plus de fiel dans les histoires protestantes et plus inspiré d'éloquentes

(1) Art. 34 de l'Édit de Nantes.

(2) Archives du Département des Landes. A. 2.

(3) Archives des Landes. A. 2.

(4) L'Inquisition en Espagne fut un tribunal royal capable de frapper de
peines afflictives, non seulement les hérétiques, mais les ennemis de l'État.
L'historien protestant Ranke dit très judicieusement :
« Ce fut l'Inquisition qui consolida l'autorité absolue du gouvernement. »
(Ranke, *Princes et Peuples*, t. I. p. 248). Il dit aussi, p. 245 : « Les Papes
s'aperçurent promptement que l'Inquisition servait beaucoup plus à l'abso-
lutisme royal qu'au maintien de la foi, et ils mirent autant de zèle à briser
l'Inquisition espagnole qu'ils en avaient déployé à établir l'ancienne Inquisition ecclésiastique. » Quant à celle-ci, personne n'a le droit de la blâmer,
attendu qu'en découvrant la perversion hérétique, elle ne frappe les

diatribes aux ennemis de la religion catholique ! Combien en ont dénaturé le caractère, exagéré les abus et multiplié outre mesure les violences trop réelles des exploits militaires contre les huguenots ! S'ils furent les agents de l'intolérance catholique, les soldats furent aussi, dans certains endroits, les libérateurs des pauvres gens opprimés, terrorisés, comme dans les Cévennes (1), par l'intolérance protestante. Les dragons furent employés à cette collaboration nouvelle des missionnaires, de là le nom de *dragonnades*.

La force armée parut aussi dans le canton de Salies où les protestants opposaient une vive résistance à l'autorité royale. Qu'il ait été prudent et juste de mettre quelquefois à la charge des familles protestantes, pour les ramener plus vite à la soumission, le logement et la nourriture des soldats, il serait difficile de le prouver. Que ceux-ci aient été bien inspirés, lorsque en protégeant la liberté des catholiques, ils se donnaient ici où là le malin plaisir de contraindre les dissidents d'aller écouter les sermons, bien que ce procédé fût imité des soldats de Jeanne d'Albret, aucun homme sérieux n'oserait le

rebelles, c'est-à-dire les hérétiques obstinés, que de peines spirituelles. Comme tous les gouvernements, l'Eglise a le droit de se défendre en dénonçant ses ennemis et en les frappant d'excommunication s'ils persistent à répandre leurs doctrines funestes. Tous les gouvernements, en effet, qu'ils soient monarchiques ou démocrates, catholiques ou huguenots, ont pratiqué et pratiquent encore l'Inquisition et infligent des peines à ceux qui les combattent. D'ailleurs, moins que personne, les protestants ont le droit de se plaindre de Louis XIV, eux, les disciples de Calvin, le grand réformateur français qui, devenu pour quelque temps souverain maître de Genève, n'eut pas honte de faire brûler Michel Servet, un médecin espagnol coupable de dogmatiser contre le mystère de la Sainte Trinité. (Voir le récit de cet horrible supplice qui fait honte au soi-disant ministre de l'Evangile, dans plusieurs auteurs cités par de Wetzer, *Dictionnaire de la Théologie Catholique*, notamment dans Mosheim : *Essai d'une histoire complète et impartiale contre les hérétiques.*

(1) Dans les Cévennes, les missions catholiques ramenaient beaucoup de protestants, grâce au zèle de l'archiprêtre du Cheyla. De là des colères qui se traduisirent par l'assassinat de ce vénérable ecclésiastique. Ce crime infâme, de même que les voix prophétiques de ces montagnes, qui prêchaient la fidélité au protestantisme et la désobéissance au roi, déchaîna la malheureuse guerre civile dont les protestants se plaignent encore en se gardant bien d'établir loyalement toutes les responsabilités.
Au sujet de ces voix prophétiques, il est intéressant de rappeler ce qu'en dit un grand évêque de Nîmes, aimé des protestants, dans un Récit envoyé au duc de Montausier. Il débute en ces termes : « Je suis surpris, Monsieur, aussi bien que vous, que M. Jurieu, avec tout son esprit et son savoir, veuille encore croire aux visions et aux prophéties du Vivarais. Les révélations de quelques paysans ou de quelques femmes débauchées, qui ont vécu dans le crime et dans l'ignorance, sont des grâces et des inspirations du Saint-Esprit ! »

(Mémoires de Fléchier sur les Camisards).

trouver correct ni même habile. Le Pape Innocent XI, instruit de ce qui se passait en France, désapprouva, disant que « le Christ ne s'était pas servi de cette méthode, qu'il fallait conduire les hommes dans les temples mais non les y traîner (1) ». Comme il fallait s'y attendre, de tels excès eurent parfois des résultats tout opposés : ils fortifièrent plus d'un protestant dans sa haine aveugle contre l'Eglise romaine, coupable à ses yeux de les inspirer. Tel, l'horrible massacre de la Saint-Barthélemy ordonné par Charles IX dans un accès de fureur contre les huguenots, et trop fidèlement exécuté par ses hommes : il éloigna de la religion catholique beaucoup d'âmes honnêtes, qui n'attendaient que d'être instruites et persuadées pour revenir de leurs égarements, et que ces crimes révoltèrent. Ils révoltent encore, présentés comme ils le sont, par le plus mauvais côté, et avec grande exagération du nombre des victimes, surtout quand on apprend — erreur propagée de bonne ou de mauvaise foi — que le Pape avait approuvé et peut-être conseillé ces égorgements (2)!

De même on a attribué à l'acte royal de la Révocation de l'Édit de Nantes, les abus qui le dénaturèrent et l'empêchèrent de produire tous ses fruits, et Louis XIV a été fait a tort responsable de beaucoup d'injustices commises en son nom. Les *dragonnades*, dans l'origine, n'étaient autre chose qu'une distribution de troupes dans les villages protestants. « Bien des gens, dit à ce propos le duc de Noailles (3), se figurent à tort que le droit de logement emportait le droit pour les troupes, de vivre à discrétion chez les particuliers, et plusieurs écrivains ont peint avec des couleurs horribles les vols, les cruautés, les excès de tous genres qu'elles y commirent. Mais il ne faut pas outrepasser la vérité dans ce qu'on blâme le plus. D'après les instructions données par le gouvernement, cette charge pour les habitants devait se borner au logement du soldat, et à l'obligation de lui payer une solde pour l'*ustensile* (4), tandis que les troupes, de leur côté,

(1) Voir Ranke, auteur protestant : *Papes romains*.

(2) Le courrier qui en apporta la nouvelle au Pape, lui apprit que le roi de France venait d'échapper à une conjuration formidable tramée contre sa personne Le cardinal de Lorraine qui se trouvait encore à Rome, sollicita de Grégoire XIII la permission de rendre à Dieu de solennelles actions de grâces pour le remercier de la protection qu'il avait accordée au roi. Plus tard, la vérité fut connue dans tous ses détails, et le Souverain Pontife, par ses discours et ses bulles, manifesta publiquement son horreur pour un pareil crime. (Histoire de l'Eglise, par l'abbé Darras).

(3) Vie de Madame de Maintenon.

(4) L'ustensile consistait en « lit, pot, écuelle, verre, place au feu et à la

devaient garder la plus stricte discipline... L'autorité supérieure ne cessa de donner des ordres sévères pour le maintien de la discipline et cette discipline fut en beaucoup d'endroits observée plus exactement que ne l'ont prétendu quelques historiens ». Ancillon, qui était protestant, reconnaît que les excès des troupes « bien loin d'avoir été commandées par le roi, furent commis malgré lui et probablement à son insu ».

A Bellocq, les troupes furent aussi attirées par les rassemblements illicites des huguenots récalcitrants. Ils s'y réunissaient la nuit des communes environnantes, dans les bois voisins de Salies, pour chanter des psaumes et célébrer la cène calviniste. La force armée les dispersa plus d'une fois sous l'intendant Feydau. C'était la loi, les officiers ne pouvaient manquer d'en faire l'application.

Dans le *Protestant béarnais* du 20 août 1887, M. Bohin parle d'un édit du 1er juillet 1686, qui condamnait à mort tout ministre non soumis, trouvé dans le royaume, et à même peine toute personne surprise à faire un acte de culte réformé. En conséquence de cet édit, un homme de Salies et un autre de Lahontan, convaincus d'avoir provoqué et dirigé des rassemblements interdits, auraient été condamnés à la peine capitale, à Pau, et exécutés sur le lieu même de ces réunions, à Bellocq. A ce sujet, nous regrettons que M. Bohin ne cite pas de document, n'indique aucune source d'information, nous trouverions peut-être que, dans ces assemblées interdites, les huguenots aggravaient leurs torts en s'occupant de conspirer avec l'étranger contre la sûreté de l'Etat

C'est cette même année 1686, que l'Empire, la Hollande, l'Espagne, l'Angleterre et la Savoie se liguent à Augsbourg contre la France, et l'un des premiers effets de cette coalition fut de précipiter du trône d'Angleterre, Jacques II, que son attachement à la foi catholique rendait, aux yeux des Anglais, indigne de régner. L'usurpateur de sa couronne était Guillaume III de Hollande, prince d'Orange, son gendre, qui, par la haine implacable qu'il portait à la France, fut l'âme de tous les complots contre sa gloire et sa puissance. Ce prince, diplomate habile, quoique malheureux stratégiste, couvrait l'Europe de ses intrigues, et il était l'espoir des protestants de tous les pays, auxquels il envoyait parfois des secours en armes (1). On voit de là

chandelle, si mieux l'hôte n'aime fournir du bois et de la chandelle en espèce » (Règlement du 12 novembre 1665).

(1) On peut lire aux Archives municipales d'Orthez (B. B. 2) une lettre

quelle tournure dangereuse pour la paix extérieure pouvaient prendre les assemblées protestantes, convoquées en dépit de la loi, et à quoi s'exposaient, en présence des officiers royaux, les trop zélés meneurs. Sûrement, elles affaiblissaient le pouvoir central et entretenaient l'irritation de même que les craintes légitimes des catholiques, qui ne se faisaient pas faute de dénoncer et de se plaindre.

Il ne faut pas s'imaginer pour cela qu'il y ait eu beaucoup d'exécutions comme celles de Bellocq. Après les avoir relevées, M. Bohin veut bien reconnaître que l'édit était *inexécutable*. Il serait juste aussi de dire que les officiers catholiques, assez fidèles interprètes de la pensée et des désirs du roi, s'abstenaient, par un sentiment de sage modération, de multiplier ces terribles exemples (1).

du roi datée du 14 octobre 1693, adressée à Monseigneur de Gramont pour annoncer la victoire de Massaglia entre Pignerol et Turin, et ordonner un *Te Deum* d'actions de grâces. Il y est dit qu'avec le duc de Savoie ont été aussi vaincues des troupes envoyées par le *Prince d'Orange pour y maintenir la religion prétendue réformée.*

D'autre part, dans les *Remontrances de l'Archevêque de Sens*, en avril 1656, il est dit que les protestants « entretenaient des rapports secrets avec l'ennemi étranger, lui envoyaient des secours et formaient des vœux pour le succès de ses armes ». Les réduire, disait-il, était un devoir religieux, un acte de patriotisme, d'autant que les réformés se montraient « violents, moqueurs, railleurs et sacrilèges partout où ils était les plus forts ». (T. IV du Procès-verb. du Clergé, p. 177 et p.p. 151, 153, 174, 184, cité par M. Dubarat : *Le Protestantisme en Béarn).*

(1) Il est de mode, du côté des huguenots, d'exagérer les vrais torts des catholiques et de leur en attribuer quelquefois d'imaginaires. Un type dans ce genre est l'ouvrage de M. Elie Benoit : *Histoire de l'Edit de Nantes*, qui ne mérite pas de crédit, d'autant plus qu'à l'époque des *dragonnades* l'auteur était exilé en Hollande. Mais des témoins eux-mêmes, dans leurs écrits, se laissent égarer par la passion de secte. Aujourd'hui encore il y a des cerveaux troublés par le fantôme de la persécution, jusqu'à voir des violences injustifiées là où il n'y a rien de semblable, ou du moins rien qui vaille la peine d'être relevé. Par exemple : *Le Protestant Béarnais* du 1er mai 1884, parle de *Dragonnades en plein dix-neuvième siècle*, à Bellocq, et de procédés qui rappellent le *Juif Mortara !* Ce sont là de bien gros mots pour exprimer de bien petites choses, comme une répartition trop peu équitable, selon lui, des fonds du bureau de bienfaisance, des injures d'enfants, l'oubli de l'asile protestant dans la répartition des crédits communaux, enfin le détournement d'une mineure. Ceci paraît grave, mais rassurez-vous. C'est une mineure de dix-huit ou dix-neuf ans, qui, de son plein gré, demandait, quelques années auparavant, d'être reçue catholique, et qui, en conséquence, allait tranquillement se faire instruire dans une maison voisine. Pour s'y opposer, les parents la frappèrent et lui firent quelques blessures qui furent dénoncées à la police. Il n'y eut pas de conversion, la fille recula de peur. C'est tout.

Eh bien, nous n'avons aucune admiration, aucun goût pour cette manière d'écrire l'histoire, au moyen d'expressions retentissantes qui n'ont qu'un rapport très lointain avec la vérité. La mineure en question était capable de juger par elle-même, et si sa conscience subit quelque contrainte, ce ne fut nullement de la part des catholiques ; des témoins pourraient encore l'affirmer.

Nous ne croyons pas qu'on puisse légitimer certains procédés violents de Louis XIV et de Louis XV contre les protestants. Le pouvoir avait toujours la même excuse, il ne faisait qu'imiter les gouvernements hérétiques dans leurs persécutions contre les catholiques, mais il en résultait de fausses conversions et bien des sacrilèges, lorsque les protestants, par leur soumission extérieure à l'Eglise, ne recherchaient que le bénéfice de l'état civil et l'accès des emplois publics.

Ce régime de protection et de faveur pour les catholiques, d'entraves et de menaces contre les dissidents, eut néanmoins des résultats appréciables dans le pays de Salies. Un document de 1717 affirme qu'il est « plein de réunis ». Mais ce n'est pas à Louis XIV seul, bien s'en faut, qu'en revient la gloire. Avec les religieux Barnabites, Jésuites (1) et Capucins parcouraient les paroisses démembrées par le protestantisme, prêchant avec ardeur, instruisant, exhortant, édifiant les populations ignorantes et remplies de faux préjugés. Malgré que les protestants vivent au milieu des catholiques, ces préjugés invétérés, entretenus par de fausses légendes et des doctrines aventureuses, les empêchent de connaître à fond la lumière intense de vérité que seule l'Eglise romaine fait rayonner de l'Évangile. Il est naturel que dans les rapports nécessaires que l'autorité royale mit alors entre les pasteurs et les paroissiens dissidents, à l'occasion des baptêmes, mariages, visites aux malades, plusieurs d'entr'eux, indécis — il y en a toujours — se déterminèrent à écouter l'Église, et se convertirent sincèrement à la foi de leurs pères. De tels exemples furent nombreux en Béarn, à côté des conversions forcées. A Bellocq la liste des sépultures mentionne des noms d'adultes appartenant aux familles protestantes, qui sont morts après avoir reçu les sacrements. Le chiffre des enterrements catholiques, dans la seconde moitié du

(1) Admirable Providence de Dieu sur son Église ! Au moment précis des premières prédications de Luther, le fondateur de la Compagnie de Jésus, Ignace de Loyola est encore capitaine de l'armée espagnole et combat sous les murs de Pampelune. C'est là qu'il reçoit au genou, d'un boulet béarnais, la blessure qui l'oblige, dans le repos solitaire, à chercher des distractions dans les livres. La lecture du seul livre qu'il peut trouver tout d'abord, de la *Vie des Saints*, le transforme en saint apôtre, car en donnant des règles à un nouvel Ordre religieux dont la sève vigoureuse étend encore son influence bienfaisante dans tous les pays, il a d'avance, par les moines qu'il appelle à la défense de l'Eglise, à l'instruction et à la sanctification des âmes, une part des plus glorieuses, dans l'arrêt, et bientôt le recul du protestantisme triomphant. Dans sa reconnaissance pour les Ordres religieux qui ont restauré sa foi catholique au dix-septième siècle, le Béarn ne peut pas oublier les Jésuites.

dix-huitième siècle, a aussi son éloquence. En 1752, sous le curé d'Izez, il y en eut trente-cinq. L'abbé Talamon, qui lui succéda en 1758 en fit quarante-six l'année suivante, et en 1760 trente-deux. A partir de cette époque, les enterrements catholiques sont en décroissance : sous l'influence des idées du temps, les protestants commençaient à frauder la loi, qui n'était pas appliquée avec autant de vigueur, et les ministres ambulants, les Marsoo, les Deferre, les Chabaud, les Bertezène, etc., ne négligeaient rien pour les encourager, en leur promettant l'émancipation prochaine.

Vers 1755, ils font rebaptiser leurs enfants dans les réunions du bois; plusieurs même ont le courage de ne pas les présenter du tout à l'église pour le baptême ordonné par l'édit royal. L'abbé de Membrède, coadjuteur du vieux curé d'Izez, a écrit à la fin des actes de l'année cette note significative : « Il manque dans le présent registre des baptêmes et des mariages, les baptêmes de plusieurs enfants et plusieurs mariages qui se sont faits au bois. Procès-verbal a été dressé pour informer M. le procureur général (1) ». Le nombre des catholiques n'augmente pas, dit encore l'abbé de Membrède, cité par M. Bohin.

C'est que plusieurs protestants, après une profession extérieure de catholicisme pour jouir des avantages de l'état-civil (2), revenaient au culte réformé, ou vivaient sans culte public, secrètement attachés au calvinisme. Avec ces derniers, les catholiques de Bellocq savaient être accommodants et leur donner, malgré la loi, des emplois dans la commune, comme nous le montre un arrêt des jurats du 29 novembre 1753.

L'abbé Lavielle, vicaire du curé d'Izez, au moment de recevoir le serment des *vocaux* ou électeurs nommés par la communauté pour élire à leur tour les nouveaux jurats, refusa de procéder à cette cérémonie religieuse, parce que quelques-uns d'entr'eux, disait-il, n'étaient pas catholiques (3). Le curé, consulté chez lui et invité à recevoir ce serment, refusa de même, approuvant la conduite de son

(1) Archives de la commune de Bellocq.

(2) De la comparution nécessaire devant le curé pour célébrer le mariage et, par ce moyen, jouir de ses effets civils, les protestants n'ont pas à se plaindre. Dans plusieurs Etats du Nord de l'Europe, pour la même fin, les catholiques devaient, et doivent encore çà et là, comparaitre devant le ministre protestant.

(3) Le document qui rend compte de cette controverse a été trouvé dans les papiers de la maison Amadine-Lescar.

vicaire. Grand étonnement, peut-être sincère, des chefs catholiques, qui se croyaient fondés à agir de la sorte, « attendu, disaient-ils, qu'on ne connaît dans le Royaume qu'une seule religion et une seule Eglise ». Aussi demandèrent-ils au Parlement de Pau, que les *vocaux* pussent prêter serment entre les mains des anciens jurats, comme cela se pratiquait ailleurs. Dans la requête, ils disaient : « Depuis la Révocation de l'Édit de Nantes par celuy de 1685, et l'expulsion des huguenots, il n'y a en France qu'une seule religion et tous ceux qui y habitent sont censés catholiques... Les nouveaux convertis sont tous regardés comme catholiques, *à moins qu'en mourant ils n'aient renoncé à la religion catholique, ou qu'il paraisse qu'ils ont refusé les derniers sacrements de l'Eglise. Suivant ce principe les douze commissaires nommés par la communauté de Bellocq sont donc réputés catholiques, et il n'est point permis de les mettre dans la catégorie des hérétiques, en exigeant d'eux une profession de foy telle que le sieur Lavielle la demande. Ce* n'est pas que la foy de ces électeurs soit suspecte, ils en feraient une preuve authentique, s'il était nécessaire, mais on sait combien il est dangereux dans cette matière de tolérer les innovations que les ecclésiastiques, par un zèle indiscret, veulent quelquefois introduire ». Le Parlement de Pau accepta cette jurisprudence et permit aux électeurs de ne plus prêter serment selon l'usage local. On voit par cet exemple, qu'en s'abstenant de professer extérieurement leur religion, les protestants pouvaient avoir quelque part dans l'administration communale.

Pour ce qui est de l'observance du repos des fêtes, la punition des réfractaires n'était pas très rigoureuse.

Jeanne d'Albret défendant sous peine de mort les cérémonies de la messe, avait audacieusement aboli, par ses ordonnances, toutes les fêtes catholiques (1), même celles de Notre-Seigneur (2). Il fallait, dit un article de ces règlements, « travailler six jours de la semaine, ne cesser que le dimanche et pendant le prêche (3), afin de ne pas faire revivre la superstition (4) par l'observance des jours ». Elle ne tolérait

(1) Voir l'abbé Poeydavant, vol. I. p. 429.

(2) Longtemps fidèles aux traditions de leurs ancêtres huguenots, les protestants ont attendu jusqu'à ces dernières années pour rétablir le repos de la fête de l'Ascension, de Notre-Seigneur, et de celle de Noël.

(3) Sur semaine, les catholiques n'étaient obligés de se reposer que lorsqu'un ministre venait prêcher dans la localité.

(4) Le culte catholique qualifié de superstition, c'est à faire sourire de pitié pour l'aveuglement de l'auteur des ordonnances.

pas le mélange de religion parmi ses sujets : Louis XIV voulut de même refaire l'unité nationale dans l'unité religieuse, en ne permettant pas aux protestants de travailler pendant que l'Eglise se repose. En conséquence le travail en un jour de fête fut un délit punissable. Voici comment il fut châtié à Bellocq le 8 avril 1716.

« Le corps municipal réuni est obligé de reconnaître qu'il y a beaucoup de relasche pour l'observation des fêtes. Presque personne ne veut les chaumer. En conséquence les contrevenants jusqu'au nombre de quatre-vingt, sont obligés de se présenter à la mairie. Ils s'excusent et nient. Le corps de ville les menace simplement et les renvoie sans autre punition (1) ».

Ces pénalités pour délit contre la religion d'Etat, nous étonnent, et parfois même nous révoltent parce que nous avons été élevés à l'école des idées modernes. Pour en juger sainement, il faut se référer aux époques où elles ont été édictées. La Révocation de l'Édit de Nantes fut approuvée par les plus grands esprits du siècle de Louis XIV, tant l'impression de terreur, inspirée par les protestants et leurs projets belliqueux, de même que par leur connivence avec l'étranger, était encore vivante parmi les populations catholiques. Tout ce qu'on put regretter, ce fut, quoique la peine capitale ait été fort rare, un peu trop de rigueur dans la répression. Elle porta la marque du génie particulier de Louvois, le ministre de la guerre, célèbre par ses violences. Il faut dire à la gloire du clergé, qu'il fit des efforts louables pour adoucir les pénalités, et même arrêter des crimes.

Citons tout d'abord l'évêque de Lescar, Desclaux de Mesplez. Foucault dit dans ses *Mémoires* : « ...Bien loin de m'aider et de prendre part à l'ouvrage des conversions de son diocèse, il n'a rien oublié pour les éloigner. »

Fléchier, évêque de Nîmes, où il fut chéri des protestants, écrivait même avant la Révocation : « J'avoue que la violence et l'oppression ne sont pas les voies que l'Evangile nous a marquées et dont Jésus-Christ s'est servi pour gagner les âmes et pour rétablir la foi. Nous savons que la religion se persuade et qu'elle ne se commande point ; qu'il faut gagner le cœur par le cœur, et que rien ne conduit si naturellement à la vérité que la charité (2) ».

(1) Cahier des délibérations municipales. Archives de Bellocq.

(2) Lettre du 14 décembre 1682 à M. Viguier, avocat, sur la controverse et les moyens de réunir les deux communions.

Bossuet, dit son historien, si zélé contre la doctrine des protestants, a été le premier à gémir sur les mesures violentes et insensées du marquis de Louvois, et à rappeler Louis XIV à des conseils plus modérés et plus conformes à la générosité de sa grande âme, aussitôt qu'il a pu les faire parvenir jusqu'à lui. Il n'a jamais demandé à ce prince un acte de rigueur contre un seul protestant, et il en a obtenu des bienfaits et des moyens d'instruction et de douceur pour la réunion des protestants... (1) ».

Près de nous, vingt ans avant la Révocation, Mgr A. F. de Maytie se trouvant à Mauléon, courut « au devant d'une émeute qui allait précipiter dans le *Saizon* le ministre Bustanoby, et recueillit dans son hôtel ce vieillard octogénaire (2).

En novembre 1787, Louis XVI promulgua un édit dont le préambule disait que l'œuvre de Louis XIV n'avait pas réussi et n'avait amené que des conversions apparentes, et qui statuait que les dissidents, séparés de la religion catholique, déclarée religion d'Etat, ne seraient tenus, par rapport à leurs naissances, à leurs mariages et leurs décès, qu'à les faire connaître pour jouir comme tous les autres sujets des droits civils qui en résultaient.

Enfin, le 23 août 1789, sur la proposition des députés Castellane, Mirabeau et Rabaut, l'Assemblée nationale décréta l'entière liberté des cultes, qui a subsisté sous les diverses formes de gouvernement qui se sont succédé depuis en France.

## XI

### Bellocq pendant la Révolution

Les Etats généraux réunis à Paris en 1789, par le ministre de Louis XVI, Necker, pour opérer les réformes nécessaires réclamées de toute part, et calmer les esprits dès longtemps surexcités à ce sujet par les philosophes incrédules, ont bientôt, les uns par trop d'opposition, les autres par une précipitation fougueuse, changé la constitution de la France, au lieu d'en réformer les abus. Dès le début le désaccord est complet dans l'Assemblée sur le mode de vote, les uns, le clergé et la noblesse, voulant voter *par corps*, conformément à la tradition, tandis que les représentants du peuple, les membres du

(1) Histoire de Bossuet par le Cardinal de Beausset, t. 2e.
(2) Voir Menjoulet, *Chronique d'Oloron*.

Tiers-État, demandent et cherchent à faire prévaloir le vote *par tête* qui devait leur donner la suprématie. Toute la Révolution était dans ce dernier vœu, qui supprimait le pouvoir politique de deux grands corps de la nation, le clergé et la noblesse ; le serment du *Jeu de Paume* en fut le premier acte. Désormais le pouvoir royal lui-même est menacé, contesté, anéanti, il n'y aura plus bientôt comme gouvernement de la France, malgré la présence de beaucoup de députés du clergé et de la noblesse, qu'une assemblée démocratique, bourgeoise, livrée aux passions des orateurs de clubs, obligée même de délibérer sous la pression du peuple de Paris. Le contre-coup de ces événements se fit sentir à Bellocq en 1790 par un changement complet d'administration. Le maire Cazaubon-Lay, et l'adjoint Destandau-Hourbaigt, avec leur conseil ont cédé la place aux protestants, ayant à leur tête Pierre Amadine, maire, et Darrican, Pouyane, Paradge, Sallabart, Ballangué et Destandau Lavigalette, officiers municipaux. C'est le 20 février que les chaperons rouges, insignes des jurats dans les cérémonies publiques, sont remis à la municipalité, de même que les clefs des archives.

Le cahier des griefs de Bellocq réclamait la diminution des impôts. On aurait tort d'en induire, dit M. Batcave (1), que toutes les communautés payaient des droits aussi forts. L'abbé de Sordes, le curé et l'évêque de Dax y avaient de beaux revenus acquis de longue main ; mais en certains lieux, à Orthez notamment, les droits ecclésiastiques devenaient presque insignifiants.

Cette élévation relative des impôts de Bellocq avait une autre cause dans son classement comme ville du Béarn. De ce chef, toutes les maisons, cours et jardins, qui dans l'enceinte ou tout près de la ligne des remparts étaient groupés, payaient plus que les mêmes immeubles de la campagne. Au lieu d'être taxée par arpents, l'imposition de la ville était réglée par chaque place, comprenant maison, cour et jardin, depuis le ruisseau de *Lesparre* jusqu'à celui du *Prince*. C'était le cas d'appliquer le principe de l'égalité devant l'impôt.

Formulée par le procureur de la commune, M. de Lescar, la proposition de réforme fut adoptée par l'assemblée municipale, mais non sans opposition. Larrat, Percuil et Cathouret étaient d'avis de ne rien changer aux vieilles institutions qui faisaient l'honneur de la ville :

(1) *Le Cahier des griefs d'Orthez.*

mais sur les motifs et conclusions du sieur Lacazette, disant *qu'il n'y a plus ni marché ni industrie dans ce pauvre lieu* (1), le maire et le corps municipal renoncent à faire payer désormais cette contribution extraordinaire.

Une autre humiliation pour la fierté des bourgeois de Bellocq, ce fut d'apprendre qu'ils étaient associés à d'autres communes pour nommer le jurat délégué aux Etats de la province. Ils s'en plaignent dans une délibération du 30 mai 1790, signée des cent quarante-huit *citoyens actifs* que comptait alors la commune.

Ils font observer « que la qualité de ville donne à Bellocq la faculté de faire ses députés particuliers (pour *l'assemblée primaire* de Navarrenx), que les monuments les plus anciens comme le château habité autrefois par les souverains et donné par Louis XIII à Abraham de Pilles... les fonds de clôture qui encernent la cité, les portes encore existantes lui donnent ce titre... que ses jurats ont fait de tout temps une partie constitutive d'un Etat de la province, etc. ». La plainte ne fut pas entendue, il fallut renoncer à un privilège si cher à l'amour-propre de clocher, mais que devaient compenser les libertés nouvelles.

Ce n'est pas que le For de Morlaas n'eût déjà procuré à Bellocq beaucoup de ces libertés qui datent de la Révolution, ou plutôt que la Révolution a contribué à renouveler des âges plus antiques. Avant la Révolution, beaucoup de communes s'administraient elles-mêmes. Ainsi la nomination de Pierre Amadine comme délégué aux Etats de Béarn par la commune assemblée au son de la cloche, ne différait guère de la consultation du même Bellocq, un siècle auparavant, pour approuver l'ennoblissement de Pierre de Lescar. Sauf le décret du roi, qui devait sanctionner pour ce dernier l'avis favorable de ses concitoyens, on procéda de même, chacun donnant ou refusant, avec motif à l'appui, sa libre et publique adhésion. Dans les deux cas, les hommes qui ne signent pas sont très rares, ce qui témoigne d'une certaine instruction dans Bellocq longtemps avant la période révolutionnaire.

« Le 21 septembre 1790, en l'hôtel de ville, assemblés les sieurs maire et officiers municipaux, s'est présenté le sieur Jacques Lembeye, maître d'école de la présente ville. Son année de service expiré, il

---

(1) Entr'autres griefs que la municipalité de 1790 reproche à l'ancienne, dans le règlement des comptes, il faut signaler celui d'avoir laissé la halle sans réparation et le marché tomber.

demande s'il doit continuer ses fonctions, tout comme Marie Cassou, son épouse, régente, *aux mêmes gages et conditions que les années précédentes*, qui étaient pour le régent de 150 livres, et pour la régente de 69 livres, payables comme par le passé de trois en trois mois ». Le conseil ordonne qu'il continue aux mêmes conditions (1).

Le délégué à l'assemblée du district, à Orthez, pour la séance du 27 octobre 1790 fut Pees Lahon. Il en rapporta une copie de la délibération prise en cette assemblée, concernant le décret du 4 octobre rendu par l'assemblée nationale, qui fixe « l'assiette du département à Pau au préjudice de la ville de Navarrenx ». Les délégués des communes parurent vivement contrariés de cette atteinte portée aux vieilles coutumes béarnaises. On y lit : « Un des membres ayant demandé la parole, il a proposé de délibérer que l'assemblée navrée de la douleur légitime qui afflige le département, pénétrée de l'injustice involontaire qu'il a reçue dans le décret du 4 du présent mois, persuadée que dès que l'assemblée nationale connaîtra la surprise qui lui a été faite, elle s'empressera de la réparer et de rétablir le calme... convaincus que si MM. les députés du département n'avaient été victimes de cette surprise, ils en auraient prévenu les malheureux effets... il soit arrêté qu'il sera nommé un commissaire qui se rendra de suite auprès de l'assemblée nationale pour, avec MM. les députés, exposer dans un mémoire public 1° la supposition étrange des motifs qui ont servi de base au décret dont s'agit, le préjudice notable qui en résulterait pour la majeure partie du département, etc. » M. Casemajor de Sauveterre fut nommé député auprès de l'assemblée nationale, et le conseil général de la commune de Bellocq (municipaux et notables réunis) approuva cette motion qui devait demeurer sans résultat. La commune de Bellocq était encore assemblée le 9 avril 1792 pour la solution d'un grave problème, celui de l'application des principes de liberté en matière d'impôt scolaire.

Le nommé Larrat, à la demande duquel le maire Cabé avait fait cette convocation extraordinaire, expose que les officiers municipaux ont engagé un régent et une régente sans avis préalable de tous les habitants de Bellocq, et demande que le payement de leurs services soit fait par ceux-là seuls qui envoient leurs enfants à l'école, « attendu que la loi a détruit tous les usages anciens et privilèges anciens abusifs. » Il demande aussi d'être relevé de toute autre imposition

(1) Archives municipales de Bellocq.

pareille, et d'être remboursé des payements qu'il peut avoir fait depuis que la loi nous exempte. Mais le sieur Destandau Lavigalette, opinant à son tour, dit que « l'usage ancien pour le payement du régent et de la régente, est un soulagement pour le riche et un grand secours pour le pauvre, attendu que les enfants de ces derniers manqueraient d'instruction s'il n'en était pas ainsi ». Cette sage réponse entraîna l'adhésion de l'assemblée entière, excepté trois citoyens qui signèrent le vœu de Larrat.

Une délibération de la même année 18 juin 1792 accuse une grande disette à Bellocq et dans l'arrondissement, et ce malaise aggravé par la dépréciation du papier-monnaie connu sous le nom d'*assignat*. Le directeur du magasin du district, à Orthez, a refusé de livrer les « *moulandes* » qu'on offrait de lui payer avec ces papiers dépourvus de valeur « comme si l'on pouvait traiter avec la faim ». En conséquence le maire et la municipalité demandent qu'il leur soit livré deux charrettes de froment, sous la responsabilité de la commune qu'elles seront fidèlement payées.

Le 28 juillet, le corps municipal, procédant en exécution de la loi et du décret de l'assemblée nationale, fait effacer au mur de façade de l'église, et sur les tombes Lescar, Péfaur et Mosquéros, les armoiries et autres signes distinctifs de noblesse.

Le chemin vicomtal de Bellocq à Labastide, passait à Larrat et allait du *Guillat* vers *Cledes* et Castagnède, mettant les voyageurs sur la route de Saint-Palais. En 1792, il n'est plus fréquenté, et reste en certains endroits presque abandonné. Un voisin s'avise de l'intercepter et de le fermer par un fossé, comme s'il appartenait déjà au premier occupant. Une plainte est formulée contre lui le 21 février 1793, mais on ne voit pas qu'elle ait eu de suite. Dans la plainte, il est appelé chemin royal. Le conseil fut d'autant plus désintéressé, qu'à cette même année 1792, un autre chemin commencé vers Salies, celui qui passe à Lacroutz, apparemment, rendait le premier encore plus inutile, là où cessait le besoin d'aborder les terres de Bellocq.

Le citoyen Jean-Baptiste Pinsun, élu juge de paix du canton de Salies, fait son serment devant le Conseil de Bellocq le 7 décembre 1792. C'est le même qui dans un accès de zèle pour le nouveau régime, et sans doute parce que les femmes manquaient du même enthousiasme pour la liberté, avait proposé de les soumettre, de même que les hommes, à prêter le serment fédératif. Pour ce serment on vit catholiques et protestants réunis dans l'église.

A ce moment que devenait le curé Talamon ?

L'une des plus graves et des plus funestes fautes de l'Assemblée Constituante, fut, après avoir usurpé la souveraineté civile, de prétendre aussi à la souveraineté religieuse : Une fois le clergé dépouillé de la dîme, l'esprit protestant, incarné dans quelques députés jansénistes et dans quelques huguenots revenus de l'exil ivres de vengeance contre les catholiques, voulut encore le séparer de Rome, et il crut avoir trouvé un moyen sûr, en le soumettant, pour l'accès aux charges de curé et d'évêque, à l'élection populaire, tout comme les fonctionnaires civils. Ce nouveau décret fut appelé la *Constitution civile du clergé*. Le roi Louis XVI refusa d'abord de la sanctionner. Le pape Pie VI condamna cette ingérence anti-chrétienne, sacrilège des laïques dans le domaine de l'Eglise, qui ne tendait à rien moins qu'à enlever aux pasteurs, dans l'esprit des peuples, l'autorité qu'ils tiennent de Dieu, et à détruire toute obéissance au grand préjudice de la foi et des mœurs.

Tous les ecclésiastiques de l'Assemblée nationale furent d'abord invités à prêter serment à la Constitution civile du clergé aussitôt que Louis XVI l'eut sanctionnée. L'épreuve allait commencer pour cette Eglise de France si glorieuse autrefois, alors humiliée, et que Dieu voulait régénérer dans la persécution et dans le martyre. Grégoire, curé d'Emberménil en Lorraine, prêta le premier le serment schismatique ; il eut la triste joie de se voir suivi par plusieurs autres ecclésiastiques de l'Assemblée, mais la plupart restèrent fidèles à l'Eglise, et il y eut ce jour-là si peu d'adhésions qu'on fixa le 4 janvier suivant (1791) comme le dernier délai à la prestation du serment. Il y eut alors une scène digne des plus beaux temps de l'Eglise. Malgré les cris de mort qui retentissaient au-dehors, les prêtres et les évêques restèrent fidèles à leur devoir. Des cent trente-cinq évêques français, quatre seulement s'enrôlèrent sous les étendards du schisme. Parmi les curés et les vicaires des provinces, la grande majorité, au moins cinquante mille sur soixante, refusèrent tout serment. Beaucoup jurèrent avec des restrictions pour ce qui serait contraire à la religion catholique ; un petit nombre seulement jura sans réserve. La plupart de ceux qui avaient juré avec des restrictions reconnurent leur erreur quand le Pape eut parlé, et plusieurs d'entr'eux méritèrent l'honneur du martyre. Les évêques constitutionnels en se sacrant les uns les autres formèrent un clergé intrus. Les pasteurs légitimes, bannis de leurs sièges et privés de leurs bénéfices, se condamnèrent à vivre au fond des bois, dans les retraites les plus obscures, s'exposant à la mort plutôt que d'abandonner les âmes qui leur étaient confiées. Un grand nombre s'expatrièrent et allèrent chercher à l'étranger une sécurité qu'ils n'avaient plus en France.

Les prêtres français émigrés furent l'édification des pays où ils se réfugièrent. L'Angleterre en accueillit un grand nombre : la vue de tant de vertu et de résignation toucha les protestants anglais : bien des préjugés tombèrent, et de cette époque date le retour de ce grand pays au catholicisme.

L'abbé Talamon, curé de Bellocq, confessa glorieusement sa foi en refusant le serment et en s'exposant plusieurs fois à la mort, pour garder et administrer sa chère paroisse.

...... Dès le mois d'octobre 1791, il était remplacé par un prêtre schismatique. Quant à lui, malgré le décret de déportation contre les prêtres insermentés, il continuait de vivre caché dans la maison Abbadie-Mosqueros, en face de l'église. Apprenant qu'il était dénoncé, il passa à Coarraze pour voir sa famille, et de là en Espagne, où il s'établit à Cadix. Son frère, qui était à la tête d'une maison de commerce, venait d'y mourir ; il est à croire qu'il prit soin pendant quelque temps des intérêts de sa famille. Mais deux ans ne s'étaient pas écoulés, que le digne pasteur, toujours soucieux du salut de ses ouailles, abandonnées bien à regret, était de retour à Bayonne où il fut arrêté sur l'ordre d'Isabeau, représentant du peuple auprès de l'armée des Pyrénées occidentales.

Du fond de sa prison, il entreprit de se justifier d'avoir voulu conspirer contre le gouvernement établi, invoquant le témoignage des protestants de Bellocq. Ceux-ci reçurent en conséquence la lettre suivante par la voie des administrateurs du district d'Orthez :

Bayonne, 23 juin 1793, an II de la République.

« Je vous prie citoyens administrateurs de vouloir bien prendre des renseignements les plus positifs sur la conduite du citoyen Laurent Talamon. Ce prêtre s'est trouvé embarqué sur un vaisseau génois, qui a amené dans ce port des français chassés de Cadix. Comme il importe à la sûreté de la République qu'il ne s'introduise point dans son sein quelques-uns de ces fanatiques qu'elle a vomis, vous voudrez bien vous informer très scrupuleusement de l'époque où ce prêtre a quitté la paroisse de Bellocq et de la réputation qu'il y a laissée depuis son refus de prêter serment, comme vous pourrez en juger par la pétition ci-jointe. »

Salut et fraternité.

Le représentant du peuple près de l'armée des Pyrénées occidentales.

Elle fut accompagnée par cette autre lettre :

Orthez, 24 juin.

« Nous vous adressons, citoyens, une lettre du citoyen Isabeau, représentant du peuple près de l'armée des Pyrénées occidentales, et les pièces relatives à l'affaire du citoyen Talamon, ex-curé de votre paroisse, pour fournir les renseignements positifs qu'il nous demande. Vous voudrez bien assembler le conseil général de la commune et lui adjoindre vingt citoyens d'un civisme bien reconnu, et après lui avoir fait part de la lettre du représentant du peuple, les consulter sur l'époque où ce prêtre a quitté la paroisse de Bellocq et de la réputation qu'il y a laissée après avoir refusé de prêter serment, et nous transmettre le résultat de cette consultation.

Les administrateurs du district : Pucheu, P. Jammes.

Les protestants s'empressèrent d'envoyer le bon témoignage de la conduite loyale et des sentiments pacifiques de l'abbé Talamon, avec toutes les signatures demandées, qui furent données de grand cœur, et l'attestation suivante :

Bellocq, 25 juin 1793, l'an II de la Pépublique.

Citoyens,

« Cy-inclus la déclaration que vous demandez par votre lettre du
« jour d'hier. Nous vous déclarons que les signatures y apposées par
« les citoyens sont dignes de foi, et que la conduite du citoyen
« Talamon, cy-devant curé de cette paroisse, l'a méritée à tous
« égards ».

Nous sommes avec fraternité, citoyens, vos très humbles serviteurs.

Cabé, maire, Bordenave (1).

Au vu de ces pièces, Isabeau fit sortir de prison le curé de Bellocq, qui, à l'appel de son nom, crut arrivée son heure dernière. Il avait, d'ailleurs, fait généreusement le sacrifice de sa vie en quittant la terre d'exil pour rentrer dans sa paroisse. La joie d'apprendre qu'il

_________

(1) Ces documents sont pris dans le *Protestant béarnais,* qui nous apprend aussi que l'abbé Talamon eut le temps de venir remercier tous ses bienfaiteurs protestants.

était sauvé de l'échafaud ne fut pas sans mélange lorsqu'il apprit que la grâce n'était accordée qu'à la condition de repasser la frontière.

En son absence, le curé *constitutionnel* avait récolté l'indifférence et le mépris. Il eut recours au maire pour contraindre le sacristain Hounau (1) à le servir. Son règne, méconnu par les catholiques, objet d'indifférence pour les protestants, était d'ailleurs condamné à disparaître avec l'indemnité pécuniaire que la *Convention* supprima en proscrivant le culte catholique.

Pendant ce temps, les sacrements étaient secrètement administrés à Bellocq soit par l'abbé Bergeras de Salies, curé de Lahontan, mort et enterré à Saint Martin de Salies, soit pendant une courte période du moins, par l'abbé Damborgez, vicaire de Labatut, qui, arrêté dans un bois de Lahontan, paya de sa tête, à Bayonne, par un glorieux martyre, l'héroïsme de sa charité et de son zèle.

Impossible de préciser par un document la date du nouveau retour d'Espagne de l'abbé Talamon. Néanmoins, la tradition a conservé qu'il se hasarda encore sur la terre de France, bien avant l'ère nouvelle de liberté religieuse. Cette fois, instruit par l'expérience, il évita de paraître tout d'abord à Bellocq, et s'établit à Oloron. C'est là qu'une députation de sa paroisse, avertie de son retour, vint le trouver et lui apporter des aumônes. Comme les lois de proscription n'étaient plus appliquées avec la même rigueur, il accéda bientôt aux désirs de ses chers paroissiens, impatients de le posséder au milieu d'eux. La famille Mosqueros lui donna de nouveau l'hospitalité dans la maison Abbadie (2) C'est là, en face des portes fermées de l'église, qu'il se cachait, disant la messe devant un nombre restreint de personnes pour ne pas réveiller, par le bruit d'une grande affluence, le glaive endormi de la persécution contre le culte catholique.

La réorganisation des diocèses et des paroisses, après le Concordat de 1802, fait passer Bellocq du diocèse de Dax, supprimé, dans celui de Bayonne, qui, pour une période de temps, devait comprendre les trois départements, Landes, Basses et Hautes-Pyrénées, et l'évêque nouveau, nommé par Napoléon I<sup>er</sup>, le restaurateur du culte catholi-

(1) Archives municipales.

(2) Il va sans dire que l'ancien presbytère — que nous croyons être la maison Pomé — vendu comme propriété nationale, ne pouvait plus le recevoir.

que en France, M^{gr} Loyson, déférant aux désirs de l'abbé Talamon, lui rend sa chère paroisse.

Vers l'année 1807, l'abbé Talamon a besoin d'un vicaire. C'est un abbé Mécharou, des Hautes-Pyrénées, qui est choisi pour son coadjuteur. Peu de temps après il donne sa démission. L'abbé Mécharou le remplace avec le titre de curé, mais il s'obstine à passer le reste de ses jours au milieu d'un peuple qu'il aime, et dont il est universellement aimé. Les protestants eux-mêmes le vénéraient. Il ne mourut qu'en 1824 dans un âge très avancé. Sa sépulture est dans l'église, du côté de l'Evangile, en face de la porte latérale qui s'ouvre sur le cimetière (1).

Sous le souffle patriotique autant que révolutionnaire, l'armée française fit des prodiges de valeur, dès 1793, et put tenir tête à l'Europe coalisée contre la Révolution, qui envahissait le sol national par le nord-est. Longtemps la France résista victorieusement aux armées formidables des *alliés*, et même, grâce au génie de Napoléon, général de l'armée républicaine avant qu'il prit le titre de consul et le pouvoir d'empereur, frappa d'humiliantes défaites, en portant la guerre chez elles, les puissances ennemies. Mais cette crise intense, dans laquelle nos soldats se couvrirent de gloire, eut un dénouement inattendu dans l'invasion de 1814. Bellocq vit alors le passage des troupes.

Après la campagne d'Espagne, le maréchal Soult, duc de Dalmatie, à la tête de 60,000 hommes, avait donné à son armée les positions suivantes : au camp retranché de Bayonne, formant la droite, le comte Reille. Le centre était commandé par le comte d'Erlon, cantonné sur la rive droite de l'Adour, entre Bayonne et Port-de-Lane. Enfin le général Clauzel commandait la gauche, placé sur la rive droite de la Vidouze, depuis son confluent jusqu'à Saint-Palais. Deux divisions de cavalerie en couvraient la gauche, pendant que le général Harrispe, organisant la levée des Basques, était à Saint-Jean-Pied-de-Port. Lord Wellington, dont le quartier était à Saint-Jean-de-Luz, occupait en décembre 1813 une ligne dont la gauche appuyée à Bidart, sur la route de Bayonne, allait, passant par Ville-

(1) Après l'abbé Mécharou (1807-1821) arrivent l'abbé Latourrette (1821-1826), l'abbé Pressans (1826-1826), l'abbé Saurine (1826-1832), l'abbé Castetviel (1832-1834), le seul de la série qui soit enterré à Bellocq où il mourut jeune, l'abbé Cazadavant (1835-1848), l'abbé Lartigau (1848-1869), l'abbé Marlatz (1869-1884).

franque, s'appuyer à Urcuray sur la route de St-Jean-Pied-de-Port. Faute de fourrages, sa cavalerie cantonnait sur l'Èbre.

Après quelques avantages, le duc de Dalmatie obligé d'envoyer 20,000 hommes à la grande armée est réduit à 40,000 tandis que les alliés en comptaient 70,000. L'hiver était très rigoureux.

Wellington n'osant attaquer à droite, à cause de la difficulté du passage de l'Adour au-dessus de Bayonne, ordonne au général sir Rowlan-Hill de se porter à gauche. Harrispe fut trop faible pour résister.

Ayant encore échoué à passer l'Adour sur un pont de bâteaux, à cause des vents contraires au-dessous de Bayonne, il ordonne pour occuper les Français un mouvement général sur toute la ligne. Rowlan-Hill poussant devant lui Clauzel passe le Gave à Villenave; Le pont de Sauveterre avait été détruit. Beresford chasse les Français de Hastingues et de Œyre-Gave.

Le duc de Dalmatie, n'espérant pas du côté d'Oloron, vient s'échelonner sur Orthez où l'armée prit position le 26 février. La droite, aux ordres du comte Reille, avec les divisions Taupin et Marensin, occupe les hauteurs de Saint-Boès. Au centre, sur les hauteurs entre Saint-Boès et Orthez se trouve d'Erlon avec les divisions Foy et d'Armagnac. La division Villatte est en réserve. La gauche aux ordres de Clauzel avec les divisions Darricau, Harrispe et Paris occupent les hauteurs en arrière d'Orthez.

Wellington avait commis la faute de diviser ses forces. Le duc de la Dalmatie allait frapper un grand coup sur Stappleton-Cotton, pendant qu'il s'apprêtait à traverser le Gave avec sa cavalerie aux gués de Cauneille et de Lahontan. Pendant ce temps Beresford cherchait à traverser le Gave d'Oloron au-dessus de Peyrehorade et Rowlan-Hill allait se porter à Maigret en face d'Orthez. Il était facile de culbuter celui qui tenterait de passer au gué de Bérenx (près de Massicam) lorsque l'aile droite et l'aile gauche embarrassées ne pouvaient pas lui porter secours. Le colonel du 11e chasseurs qui s'absenta sans motif, n'avertit le maréchal Soult de la présence de l'ennemi sur le Gave qu'au moment où, déjà formé en ordre de bataille sur le plateau de Baigt, il n'était plus temps de s'opposer à ses progrès. Soult furieux le destitue, son infidélité eut des conséquences désastreuses.

Attaquées sur toute la ligne le 27 février à neuf heures du matin, à commencer par St-Boès, d'Erlon et Reille reçoivent ordre de se replier sur Sault-de-Navailles, pendant que le général Berton marchait sur Arthez, jusqu'aux hauteurs de Hagetmau.

D'étapes en étapes, l'armée française recule, en exécutant parfois de brillantes charges. A la bataille d'Aire, 2 mars, quoique vaincue, elle perdit moins de soldats que les alliés. Wellington la poursuit jusque sous les murs de Toulouse, où, le 10 avril 1814, se livra la mémorable bataille qui porte ce nom, pendant que la France envahie sur toutes ses frontières, succombait sous les efforts combinés de 500,000 hommes. Le 11 avril Napoléon était forcé de signer son abdication, dans ce même palais de Fontainebleau, où l'année précédente il retenait le Pape prisonnier, ayant conçu la folle ambition de s'en faire un instrument docile pour dominer le monde jusque dans les choses religieuses. C'est l'écueil où tombent beaucoup d'hommes puissants, éblouis par leurs victoires, mais quelles qu'aient été les fautes du grand empereur, les catholiques ne doivent pas oublier l'œuvre providentielle qu'il mena à bonne fin par le concordat de 1802 : Après la tourmente révolutionnaire qui avait emporté l'Eglise de France, il rouvrit les édifices sacrés au culte catholique, et assura à ses ministres, en compensation des rentes dont ils avaient été expropriés, l'indemnité jusqu'alors vainement décrétée par l'Assemblée nationale législative de 1791-92.

## XII

### Bellocq au XIX<sup>e</sup> siècle

Au point de vue civil, rien de bien intéressant à raconter. Le Conseil communal s'est constitué comme partout ailleurs, avec cette différence toutefois que la division religieuse influe notablement sur la formation des partis opposés qui se succèdent au pouvoir dans l'administration locale. Ce n'est qu'exceptionnellement, qu'on voit la passion des intérêts matériels dominer une élection ; pour les hommes indépendants, la rivalité confessionnelle est le principal motif de détermination dans le choix des administrateurs de la commune. Des deux côtés il y a entente et union, mais plus encore chez les protestants, qui excellent en outre dans les procédés et les moyens habiles pour suppléer l'insuffisance des électeurs coreligionnaires, en gagnant à leur cause la voix des catholiques innocents ou indécis.

Catholiques et protestants ont donc gouverné tour à tour à Bellocq pendant le dix-neuvième siècle, les premiers plus longtemps lorsque le pouvoir central nommait les maires, ou était plus incliné vers eux, comme sous le régime de la Restauration, les seconds plus heureux quand le gouvernement déférait au vœu des électeurs, pour le choix du premier magistrat municipal, désigné parmi les élus du conseil.

Sous le règne de Louis-Philippe, et à la faveur du libéralisme (1) qui s'épanouit alors dans des proportions inquiétantes, les protestants restèrent seuls les maîtres à la mairie, et ils se prévalurent à ce point de leur victoire, qu'ils refusaient aux catholiques toute participation au pouvoir représentatif, gardant pour eux tous les sièges de conseillers municipaux. Mais, à l'avènement du second empire, grâce à l'initiative du sous-préfet d'Orthez qui demanda au maire de Bellocq, M. Pées Bareille, de vouloir bien faire représenter au conseil communal les deux religions par un égal nombre de mandataires, grâce à l'esprit d'équité de ce dernier qui se prêta de très bonne grâce au vœu des catholiques, il y eut une ère de paix et d'union entre les deux partis, qui dura jusqu'en 1876. Depuis cette époque, les protestants conquirent et gardèrent la majorité, sauf une période de huit ans, pendant laquelle on vit les catholiques entrer et se maintenir au pouvoir, fortifiés dans leur union par le besoin de conserver leur école confessionnelle qui fut laïcisée pourtant malgré eux, en 1897.

Voici les noms des maires : L'an IX de la République jusqu'à l'an X le maire de Bellocq est un nommé Pées. De l'an X jusqu'à l'année 1808, c'est Jean Poyane. Depuis lors se succèdent Lescarboura (1808-1815), Mirande (1815-1830), Jean Poyane (1830-1833), Paul Marsoo (1833-1835), Pierre Poueydomenge (1835-1836), Pierre Amadine (1836-1842), Jean Pées Bareille) 1842-1869), Jean Pehau (1870-1876), Pierre Domercq (1876-1892), Pierre Laulher (1892-1900), Elie Domercq (1900).

L'histoire de Bellocq au dix-neuvième siècle offre plus d'intérêt au point de vue religieux et d'abord du côté des catholiques.

L'abbé Mécharou, vicaire et ensuite successeur de l'abbé Talamon, rentre dans le diocèse de Tarbes en 1821 et fait place à l'abbé

(1) La doctrine du libéralisme politique, condamnée par Pie IX, en voulant séparer l'Eglise de l'Etat, affranchit celui-ci de toute obligation vis-à-vis de l'Eglise catholique et le porte à se désintéresser des erreurs funestes qui se propagent contre la foi et les mœurs, et contre l'autorité spirituelle des pasteurs. Sous l'empire de ces idées, les catholiques deviennent trop indifférents à la religion de ceux qui les gouvernent et souffrent avec une bonté excessive d'être dominés par les protestants, sans songer au préjudice que de tels exemples causent à l'honneur, à la considération légitime et nécessaire de la vérité chrétienne.

Latourrette dont le ministère à Bellocq fut marqué par l'heureuse
mission de 1825. Les plaies morales et religieuses de la période révolutionnaire, causées par l'absence du pasteur et l'ignorance de
la doctrine chrétienne, étaient encore, à cette date, bien déplorables.
Les mariages mixtes s'étaient multipliés, et un grand nombre
d'entr'eux n'étaient pas encore légitimés devant l'Eglise. Le besoin
de régénérer cette population catholique se faisait si vivement sentir
que l'évêque de Bayonne, Mgr d'Astros, accompagné de ses vicaires
généraux, vint en personne présider les exercices de la mission, et
collaborer avec les missionnaires. A un acte de baptême fait par Sa
Grandeur, assista son vicaire général Boyer. Les vingt-un mariages
légitimés en une seule fois, portent dans le registre la signature du
vicaire général Laporte.

Cette œuvre de restauration aura des effets durables dans la population catholique de Bellocq, qui forme encore une des meilleures
paroisses du diocèse. Voici les noms des curés qui l'ont administrée
depuis 1826, date de la disparition de l'abbé Latourrette, qui alla, je
crois, à Saint-Faust.

L'abbé Pressans (1826-1826) qui ne sut pas se plaire dans ce poste,
et demanda aussitôt son changement. L'abbé Saurine (1827-1832),
neveu de l'évêque constitutionnel de Dax qui, réconcilié avec l'Eglise
après la Révolution, devint évêque de Strasbourg. L'abbé Castetviel (1832-1834) qui mourut jeune. Depuis la Révolution il est le seul
enterré au cimetière de Bellocq, l'abbé Talamon ayant été inhumé
dans l'église. L'abbé Cazadavant de Bugnen (1834-1848) qui alla à
Dognen. L'abbé Lartigau (1848-1869) qui est mort doyen de Sauveterre. L'abbé Marlatz (1869-1884) qui est doyen d'Arudy. L'abbé
Laurens (1884-1900). L'abbé Larrieu (1900).

Les ministères les plus fructueux dans la conversion des protestants
ont été ceux de l'abbé Lartigau et de l'abbé Marlatz.

Déjà l'abbé Cazadavant avait agrégé l'élite des catholiques de
Bellocq, à l'archi-confrérie de Notre-Dame des Victoires, qui par ses
miracles contribuait à ramener la foi dans Paris et dans la France
entière ravagée par l'indifférence et l'impiété révolutionnaire. L'abbé
Lartigau pouvait donc, avec une louable modestie, attribuer à la
Sainte-Vierge la meilleure part de ses succès de conversion auprès
des protestants, qui furent très remarquables. Plus de soixante abju-
rations, consignées au registre des baptêmes, révèlent sous son
ministère un souffle de grâce extraordinaire, et la Sainte-Vierge

apparaît dès le début, pour imprimer cet heureux mouvement vers la religion catholique.

L'abbé Lartigau était à peine installé dans sa nouvelle paroisse (1), lorsqu'il reçoit la visite du père Domercq Roquepine, disant que sa fille Marie, qui avait été guérie à Sarrance, moyennant la promesse que, si la Sainte-Vierge enlevait la paralysie des membres dont elle était affligée, elle se ferait catholique et que ses parents la laisseraient entièrement libre... est retombée dans le même état de maladie et qu'il en a *beaucoup de peine*. L'enfant avait douze ans. Elle voulait être catholique mais la mère s'y était opposée.

Après avoir fait observer qu'ayant manqué de parole à la Sainte-Vierge, il ne devrait pas être étonné que, de son côté, la Sainte-Vierge retirât ses faveurs, le curé de Bellocq s'empressa d'aller voir la pauvre infirme qui, ne se possédant pas de joie en sa présence, multipliait sur elle, d'une main embarrassée qui tenait la médaille de Marie, et avec une foi admirable, le signe de croix catholique. Pour tout remède, l'abbé Lartigau ordonna d'accéder à ses désirs en la portant à la messe. Après trois dimanches, elle put y aller seule, la paralysie qui arrêtait jusqu'à la langue avait disparu.

La conversion de Marie Domercq, suivie de celle de sa sœur Mamourine, inaugurait pour l'abbé Lartigau un ministère plein d'espérances, puisque le Ciel coopérait visiblement à l'œuvre de ces retours consolants. On le vit encore en 1851, pendant que les Pères de Bétharram, Chirou et Hignéres, prêchaient une mission à Bellocq.

Après avoir entendu un sermon sur la Sainte-Vierge, le chef de la famille Gérony-Narp-Pouyane, la plus attachée au protestantisme dans le siècle précédent, déclara qu'il était émerveillé de la lumière que le prédicateur avait fait jaillir de l'Évangile, dans des passages qu'il connaissait, mais qu'il n'avait jusqu'alors pu comprendre. Le lendemain matin, il prétendait avoir vu dans la nuit une « belle dame » qui l'appelait, et qu'il croyait être la Sainte-Vierge en personne. Le soir de ce même jour, nouvelle admiration de cet heureux homme, en entendant démontrer, sur le passage de Saint Jean XX, 22, 23, la divinité et la nécessité de la confession. Dès ce moment, il ne voulut pas rentrer chez lui avant d'avoir abjuré le protestantisme et reçu le baptême sous condition. Pendant le reste de sa vie, il vécut en fervent catholique.

(1) Précédemment il avait été professeur à Larressore et vicaire à Saint-Martin-de-Salies.

Le cas de la famille Amadine, amenée au catholicisme par le zèle de l'abbé Marlats, mérite aussi une mention spéciale à la gloire de la Mère de Dieu. *Frère Amadine* a déclaré en mourant que, depuis son enfance, instruit par une brave et digne femme qu'il avait connue à Orthez pendant ses études, il avait coutume, chaque fois qu'il passait devant une croix des chemins, de la saluer par ces belles paroles :

> Je vous salue, o Sainte-Croix
> Qui avez porté le Roi des Rois.
> Je vous salue, Sainte-Marie,
> Qui avez porté le fruit de vie.

La profession de la vérité intégrale dans le catholicisme, venant après plusieurs années de vénération pour la Croix et la Mère du Sauveur des hommes, dont les protestants s'obstinent à méconnaître la vertu, simple coïncidence, pur effet du hasard, diront les sages selon le monde ; il est permis d'y voir aussi une récompense pour les actes répétés de foi indécise, et d'amour initial, tels que peuvent en faire ceux qui n'ont pas été bien instruits de leurs devoirs chrétiens.

Entre les deux communions rivales qui se partagent la population de Bellocq, il existe une entente et un accord parfaits sur plusieurs points. Les protestants eux-mêmes, soit esprit de justice, soit reconnaissance pour les électeurs catholiques dont la bonté les a mis au pouvoir, savent en user avec modération et protéger les intérêts communs de la justice et de la religion, dans la mesure où ils peuvent comprendre ces devoirs sacrés.

Cet accord s'est manifesté avec éclat, pour la défense de l'enseignement confessionnel, qui se donnait dans les locaux privés, séparés l'un de l'autre, avant l'exécution de l'arrêté préfectoral de laïcisation en 1897. Depuis cette époque, les catholiques seuls ont eu le courage de s'imposer des sacrifices considérables pour conserver à Dieu, dans l'école, la place qui lui est due, et à leurs filles le bienfait inestimable de l'enseignement et de l'éducation chrétienne, sous la direction des Filles de la Croix. Je ne parle pas des écoles maternelles ou enfantines libres, annexées autrefois des deux côtés, à l'école confessionnelle ; sur ce point rien n'a été changé chez les protestants qui continuent d'entretenir la leur. Les catholiques, sans défection aucune, envoient leurs filles à l'école maternelle et à l'école primaire des religieuses. Quant aux garçons, ils n'ont pas d'autre ressource que l'école publique et la neutralité des maîtres.

Les œuvres florissantes de la paroisse, la **Propagation de la Foi**, la fraternité du Tiers-Ordre de Saint-François, la congrégation des Filles de Marie, les confréries du S. Sacrement, du Rosaire, de Notre-Dame des Victoires, l'Apostolat de la prière, attestent la vitalité religieuse des catholiques, et la haute importance qu'ils attachent à la conservation intégrale de la foi romaine, en même temps qu'à la piété et aux bonnes mœurs chrétiennes.

Les protestants ont aussi leurs œuvres de propagande, de charité et de préservation pour la jeunesse, mais ce qu'ils ont conservé de la foi catholique est chaque jour battu en brèche par les fantaisies de l'esprit de secte. Comment pourrait-il en être autrement avec le seul guide du *libre examen* dans l'interprétation de la parole divine? Sous cette règle de croyance qui n'en est pas une, aucun dogme fondamental ou non, n'est à l'abri de la critique passionnée ou fantaisiste du premier prédicant venu. Pour s'en convaincre, il faut lire leurs revues de théologie, les téméraires et blasphématoires hardiesses de certains écrivains, soi-disant évangélistes, et les douleurs non dissimulées, les plaintes désespérées de leurs confrères, encore respectueux du texte sacré.

M. R. Saillens, dans la *Cloche d'Alarme* de décembre 1899, proclame à son aise l'inutilité de l'eau du baptême et nie le péché originel. Est-il étonnant que la foi surnaturelle s'efface, lorsque ceux qui devraient la défendre, s'en moquent audacieusement?

Les protestants, unis par un sentiment commun d'aversion contre la religion catholique, se divisent à Bellocq en trois sectes ou réunions distinctes : l'assemblée calviniste du temple, ayant à sa tête un ministre payé par l'Etat, et deux autres sectes, dites des *régénérés :* les *méthodistes* et les *barbistes* qui se payent eux-mêmes des ministres ou se passent de leur secours. Les *méthodistes* se sont donné un temple central pour Puyoo et Bellocq. Ordinairement les ministres de ces trois sectes ne s'entr'aident pas pour le service, ce qui accuse une diversité de croyance notable. L'*esprit privé*, qui éclaire soi-disant tout bon protestant quand il lit la Bible, fait des choses extraordinaires chez les méthodistes et chez les barbistes, jusqu'à de nouvelles révélations et des visions sur le monde supra-naturel. Ces deux dernières sectes, d'origine anglaise, ne remontent pas dans la région d'Orthez, au-delà de 60 ans. Malgré ces divisions, que beaucoup regrettent sincèrement pour l'honneur de la Réforme, les protestants n'ont pas l'air de soupçonner leurs erreurs. Ils ignorent même que l'Eglise catholique, tant méprisée par leurs ancêtres au nom de l'histoire des quatre premiers siècles, a été pleinement vengée de leurs attaques par des protestants eux-mêmes, et sa tradition séculaire, sur les principaux dogmes mis en question, reconnue de tout temps invariable par des docteurs de marque, comme les chefs du mouvement *puséiste* (1) d'Oxford.

Les *méthodistes* ou *régénérés* figurent dans l'annuaire des Basses-Pyrénées sous le nom d'*église libre*.


## XIII

### Bellocq et les lieux voisins

Le moins célèbre n'est pas celui d'*Abet*, malgré le silence qui règne autour de l'église solitaire. Le village qui comptait environ 200 habitants, ayant été détruit par un déplacement du Gave, les familles allèrent grossir plus bas le bourg de Lahontan. En 1717, les jurats de Lahontan supplient l'évêque *d'Acqs* d'ériger en paroisse leur église *annexe*, dédiée jusqu'alors à Sainte-Magdeleine : La disparition d'Abet doit remonter à cette époque. Mais l'église ne cessa pas pour cela d'être un sanctuaire visité par de nombreux pèlerins pour les fêtes du 15 août et du 8 septembre, et par des pèlerins isolés durant le reste de l'année. La foi populaire avait un double objet, la fontaine dont les eaux guérissaient les maladies, et l'antique image en bois de la Vierge-Mère trouvée, dit-on, dans le lieu où s'élève la chapelle. Le testament d'un seigneur de Domezain au XIIIᵉ siècle, parle de N. D. d'Abet. Les religieux bénédictins de Sordes qui avaient à

(1) Le chef du mouvement de retour vers l'Eglise catholique, en Angleterre, fut le docteur Pusey, professeur à l'Université d'Oxford. Pie IX, donnant un jour audience à des pèlerins anglais, demanda de ses nouvelles et ajouta : « Ah ! le docteur Pusey, il est comme la cloche, elle appelle toujours à l'église et n'entre jamais. » Pusey, en effet, n'acheva pas d'entrer dans l'Eglise catholique, dont la science historique lui avait fait découvrir la vérité, tandis que ses amis, comme Newman, contraints par l'impérieuse logique, revinrent à l'Eglise de Rome et l'illustrèrent par leur piété et leurs savants écrits. D'après les *puséistes*, d'après les catholiques, les ancêtres protestants du XVIᵉ siècle, avaient simplement fait preuve d'ignorance, en affirmant que la tradition des quatre premiers siècles sur les dogmes, n'était pas conforme à la tradition romaine d'aujourd'hui et de tous les temps. La doctrine et les formes catholiques, sous le nom de *ritualisme*, sont à l'heure actuelle tellement en faveur en Angleterre, que le Parlement, poussé par des sectaires fanatiques, s'est mis en devoir d'arrêter ce mouvement vers Rome, en menaçant les pasteurs de l'amende et de la suppression de leur traitement.

Lahontan, comme à Bellocq, de grandes possessions, y recevaient les pèlerins. Lorsque la Révolution les eut dépouillés, la chapelle cessa d'être entretenue, le culte y fut abandonné, mais les fontaines eurent toujours des visiteurs, et il a suffi de recommencer les offices solennels dans ces murs décrépits (1), tombant en ruine, pour en augmenter considérablement le nombre, tant les souvenirs traditionnels des bienfaits de Notre-Dame d'Abet avaient encore des racines dans cette région landaise et basquaise.

Le château de Lahontan, habité par Montaigne au XVI⁰ siècle, ensuite par les de Caupène d'Amou, était à la fin du XVIII⁰ siècle, la propriété de la famille de Laneuville. C'est là que Mgr de Laneuville, évêque de Dax, se cachait pendant la tourmente révolutionnaire.

Puyoo est une ancienne abbaye laïque. En 1534, l'abbé laïque ou seigneur du lieu, Menoton de Lacoste, fait le dénombrement de ses biens et droits seigneuriaux, par devant *Jacques de Foix, évêque de Lescar, commissaire à ce député par le Roy de Navarre*. En 1751, le château est occupé par les Péfaur. D'un dénombrement de biens nobles, fait par Daniel de Péfaur, il résulte que la *dixme devait être entendue selon la coutume*, à savoir qu'un seul poulet donné chaque année par chaque maison payait la *dixme* pour tous les poulets qu'on pouvait élever dans le courant de cette année. ...Les fèves, les haricots, les pois ne sont décimés que lorsqu'ils sont secs : Ces légumes, tant qu'ils sont verts, passent entièrement à l'usage des propriétaires (2).

Le passage de Bellocq sur le Gave appartient au seigneur abbé laïque de Puyoo en vertu d'un affièvement De Péfaur, pour le droit de *bag,* paye annuellement 4 livres au domaine de Sa Majesté le Roy. L'évêque de Dax et le curé de Ramous partagent avec lui la dîme de la commune, dont il prélève les deux tiers. Puyoo n'est en 1739 qu'une annexe de Ramous.

A Ramous les moines de Sordes ont une part des droits décimaux, et l'abbé de Sordes nomme à la cure.

Bérenx était une autre abbaye laïque, occupée pendant des siècles par l'illustre famille de Tarrides, dont le dernier représentant vivait

_______

(1) Grâce au zèle intelligent de M. l'abbé Bacqué, curé de Lahontan, bien secondé par M. Cousseillat, ancien maire, et les dons de la piété populaire envers Marie, l'antique chapelle est aujourd'hui restaurée et embellie avec art.

(2) Archives de la famille de Lescar de Puyoo.

encore en 1824. Cette commune est séparée de Salles par un monticule en pyramide nommé autrefois *Montguiscard*, sur lequel Gaston IV de Béarn avait bâti le château à donjon qui fut rasé sous Louis XIII. C'est là que l armée de ce prince, sous la conduite du lieutenant de Poyane, brisa pour toujours, en 1621, la puissance politique du protestantisme béarnais.

Aucun auteur ne peut préciser la date de la fondation de Salies, ce qui permet de croire que cette ville est très ancienne. D'après la légende, un sanglier blessé à mort par un chasseur, au milieu de la grande forêt, alla marquer la placé de la future cité, en révélant par les cristaux de sel formés sur les soies, que l'eau voisine où il s'était baigné pour apaiser sa douleur, contenait ce riche trésor.

Autour de cette eau, des ouvriers employés à l'extraction du sel, et pour cela appelés *Saliès*, se bâtirent des maisons. Ce fut l'origine de la ville et du nom de Salies. Tout habitant de Salies, fabricant de sel, devait payer annuellement à la Toussaint, au seigneur d'Audaux, petite commune située près de Navarrenx, *u quartau* de maïs.

Ce seigneur avait de plus, et seul, le droit de tenir la *Roume*, maison où l'on fondait des chaudières en plomb qui servaient à fabriquer le sel. Cette redevance, convertie plus tard en une somme de 1,500 livres, a été payée par la corporation des parts-prenants, jusqu'à l'abolition des droits seigneuriaux pendant la Révolution, ce qui permet de supposer que les seigneurs d'Audaux étaient les descendants, ou les ayant-droit à titre onéreux, de l'inventeur de cette mine où les Saliziens trouvent encore une rente annuelle (1). Pour y avoir droit, il faut justifier qu'on tire son origine des premiers habitants de Salies, ou du moins des familles qui existaient du temps de Jeanne d'Albret, et résider à Salies. Au xviii° siècle, il fallait résider dans la ville, maintenant il suffit d'avoir son domicile dans les limites de la commune.

Les armoiries de la ville représentent un sanglier et l'eau salée qu'il a fait découvrir, dans un sceau porté par deux hommes, avec, en exergue, cette inscription qui rappelle la légende de Salies et les moyens providentiels de subsistance que les part-prenants retirent chaque année, sans bourse délier, de leur admirable fontaine : « Se yo nou y eri mourt, arrés ne-y bibéré ».

(1) Voir Guide des baigneurs dans Salies et ses environs par P. Courtiades. Dax, Hazaël Labecque, imprimeur.

Et les Salisiens part-prenants ne sont pas les seuls à bénéficier de cette découverte. Depuis qu'on a reconnu aux bains d'eau salée diverses propriétes curatives, et que de nombreux malades lui doivent des guérisons étonnantes, la colonie étrangère ne cesse d'apporter largement son or, dont vivent de nombreux commerçants sans distinction d'origine.

L'eau salée et les divers établissements d'exploitation de cette mine inépuisable sont la propriété privée des part prenants, administrée par un corps élu de 40 notables qui nomme à son tour, dans son sein, six administrateurs, lesquels se déchargent sur un syndic ou fermier. Le maire de la ville est de droit administrateur de la Société.

Carresse, Cassaber et Escos, anciennes abbayes laïques, n'offrent pas, dans notre cadre restreint, des particularités bien remarquables. Sur Labastide-Villefranche, sa position topographique, ses forteresses, ses lacs qui en défendent l'accès, son histoire, il y aurait des choses intéressantes à dire : nous aimons mieux renvoyer le lecteur à la courte monographie qui en a été publiée par l'abbé Labaigt, dans le *recueil des travaux scientifique de France, 31 mars 1873*. Il nous suffit de rappeler que cette nouvelle bastide fut construite en 1343 par Gaston X (Gaston Phébus) pour arrêter dans ce poste avancé du Béarn les incursions des Anglais et des Basques de la Navarre. La même année, les délégués de Labastide prêtent serment à Éléonore de Comminge et à son fils Gaston Phébus.

Un plus vif intérêt s'attache, au point de vue religieux, à la fondation d'*Ordios,* qui est dans les limites de cette paroisse.

Les pèlerins du Nord qui allaient à Saint-Jacques de Compostelle, passaient en grand nombre à cet endroit, et il importe de conserver la mémoire des diverses stations où ils se reposaient de leurs fatigues, en particulier des hôpitaux qui ouvraient leurs portes à ces pieux voyageurs, et des circonstances parfois tragiques qui marquèrent leur fondation. Celle d'Ordios ne doit pas être oubliée.

La *Gallia christiana* raconte qu'un brigand du nom d'Artérius et ses compagnons assassinèrent trois nobles pèlerins normands, dans le lieu nommé plus tard *Ordios,* sur la route de Compostelle. L'archange Gabriel révéla le fait au curé de Sendos, Raymon Porchet, en lui commandant de faire retirer les corps du lac où ils avaient été jetés, et de leur donner une même sépulture. Le prêtre, ayant rempli ce devoir, reçut encore l'ordre d'élever, sur ce tombeau, un sanctuaire à la gloire de Dieu. Il s'en ouvrit à l'évêque de Dax, Arnaud-Guilhaume de Sort, qui lui conseilla d'obéir au plus tôt aux décrets divins.

Porchet demanda alors au vicomte Pierre de Gabardan la possession de ce terrain, pour y élever un asile en faveur des pauvres pèlerins de St-Jacques. Le vicomte fit volontiers don de ce domaine, des terres et des bois d'alentour pour le repos de son âme et celui de ses parents. Il signa l'acte de donation dans l'église Ste-Marie de Sendos, en présence de toute sa cour, en faveur de Raymon, curé de cette paroisse, et de ses successeurs : *Hoc donum fecit prædictus P. Vice comes, in ecclésiâ B. Mariæ de Sendos in præsentiâ suæ curiæ,* etc. Cet acte est du mois de mai 1151.

L'église d'Ordios (1) était dédiée à Sainte Madeleine. Comme tous les hôpitaux qui furent fondés à cette époque, dit l'abbé Labaigt, Ordios eut pour armoiries un ramier blanc tenant une croix dans son bec. C'était une hôtellerie aussi bien qu'un hôpital, donnant refuge aux pèlerins et aux pauvres infirmes.

Voici maintenant les diverses stations du chemin de St-Jacques entre Bordeaux et la frontière espagnole, qui touchait le canton de Salies, dans la commune de Labastide, à Ordios.

1. Petit Bordeaux ou Gradignan.
2. Bardenac (hôpital pour les pèlerins).
3. Gayac (hôpital).
4. Lebarp (hôpital S. Jacques).
5. Hospitalet de Beliet (hôpital et chapelle Saint-Antoine).
6. Belin (prieuré du passage chapelle et hôpital).
7. Le Muret.
8. Lipostey.
9. Labouheyre (couvent hospitalier des Carmes fondé en 1150 pour les pèlerins de Saint-Jacques).
10. Hôpital Saint-Antoine près de Labouheyre.
11. Janquillet.
12. Laharie.
13. Lespéron.

Au lieu nommé Souquet, les pèlerins choisissaient entre deux routes,

---

(1) Ordios, compris aujourd'hui dans la paroisse de Labastide-de-Béarn, était alors dans celle de Sendos, par conséquent hors de la terre de Béarn, en Guienne. Il dut son nom à l'ordre régulier de Saint-Benoît, qui prit la direction de cet hôpital, et y envoya longtemps des moines. De là le nom de *prieuré-hôpital d'Ordios.*

celle de droite passant par Bayonne et celle de gauche allant à Dax, dans la Navarre, à Roncevaux et à Pampelune.

1º Magescq (hôpital).
2º Saint-Vincent de Tyrosse.
3º Ondres.
4º Bayonne.

1º Le chemin de Roncevaux reprenait à Dax où les pèlerins vénéraient les reliques de Saint Vincent de Xaintes, évêque-martyr.
2º Quartier Latorte dépendant de la commanderie de Saint-Esprit de Bayonne, ordre de Malte.
3º Cagnotes.
4º Sordes.
5º *Ordios*.
6º Garris.
7º Ostabat.
8º Aspahat (hôpital, ancienne commanderie de Malte sous le patronage de Saint Blaise).
9º Saint-Jean-le-Vieux.
10º Saint-Jean-Pied-de-Port.

Voici des couplets simples et naïfs, chantés par des pèlerins du Nord et dignes d'échapper à l'oubli. On les chante sur l'air des rois mages : *Nous sommes trois souverains princes de l'Orient*.

> Quand nous fûmes dans la Saintonge,
>> Hélas, mon Dieu !
> Nous n'y trouvâmes point d'église,
>> Pour prier Dieu.
> Les Huguenots les ont rompues
>> Par leur malice
> C'est en dépit de Jésus-Christ,
>> Et de la Vierge-Marie.

> Quand nous fûmes au port de Blaye,
>> Près de Bordeaux ;
> Nous entrâmes dedans la barque,
>> Pour passer l'eau :
> Il y a bien sept lieues par eau,
>> Bonnes me semble,
> Marinier, passe promptement,
>> De peur de la tourmente.

> Quand nous fûmes dedans les Landes
>> Bien étonnés,
> Avions de l'eau jusqu'à mi-jambe,
>> De tout côté,
> Compagnons nous faut cheminer,
>> A grandes journées,
> Pour nous tirer de ce pays,
>> De si grandes rosées,

Bellocq, nous l'avons vu, eut aussi, au moyen-âge, sa station et son hôpital pour les pèlerins de Saint-Jacques. Ils venaient du centre de la France par Périgueux, vers Bazas, Captieux, Roquefort, Mont-de-Marsan, Campagne, Tartas, Mugron, Tastoa (ville disparue) et Habas (1). De Bellocq ils allaient à Sauveterre qui avait son hôpital, ou vers Ordios et Arancou, en passant à Notre-Dame de Cledes, sur le territoire de Salics, quartier de Ribourdés, où il y avait chapelle et hôpital. Les biens consistaient en deux corps de bâtiments, terres labourables, prairies et bois-taillis de haute futaie (2). D'après M. Raymon, « *Nostre Done de Cledes* » aurait été une succursale de l'Hôpital d'Orion, commanderie de l'ordre militaire et hospitalier de Malte. « Lo pont de Cledes » sur le Saleys joue aussi un certain rôle au moyen-âge (3).

S'il faut en croire une charte du xiv⁰ siècle, l'Espitau-nau d'Arancou appartenait à l'ordre de Notre-Dame de Roncevaux.

Le nombre des moines ayant diminué, le prieuré d'Ordios, dès avant le xvi⁰ siècle, était tombé entre les mains de commandataires, ou administrateurs séculiers.

Le procès-verbal de Monseigneur d'Aulan (24 avril 1739) dit que dans la chapelle se voyait un tableau de la Magdeleine : les ornements faute de sacristie, étaient déposés chez un voisin. Monseigneur l'évêque dans ses tournées pastorales, faisait l'absoute au cimetière « où l'on a jadis enterré et où sont marquées des sépultures. L'hôpital consiste dans une maison habitée par des métayers, lesquels ont dit qu'ils exerçaient l'hospitalité envers les pèlerins, et la dite maison est comme une maison ordinaire... A l'égard du service de la chapelle il n'y en avait d'autre que d'y dire une messe tous les ans au jour de Sainte Magdeleine, patronne de la chapelle ».

Sequestré et vendu par la Révolution, l'hôpital est aujourd'hui une ferme appartenant à M. le comte de Moriana et à son fils le comte de San-Martin de Hoyos. Actuellement, l'abside romane de l'église est démolie ; la nef à 4 travées est terminée par un rond-point : trois colonnes sur quatre sont couronnées de chapiteaux historiés (4).

FIN

---

(1) Voir Dufourcet Congrès archéologique de France 1888.
(2) *Anciens hôpitaux du diocèse de Dax, par l'abbé Foix, curé de Laurède.*
(3) Ibid. p. 45.
(4) Études historiques et relig. de Bayonne 1893 p. 448.

# ERRATA :

—✠—

| Pages | ligne | | au lieu de : | | lire : |
|---|---|---|---|---|---|
| 1 | 13 | — | *ses alluvions* | — | *et de ses alluvions.* |
| 9 | 11 | — | *au tour* | — | *autour.* |
| 41 | 16 | — | *Navarrun* | — | *Navarrus.* |
| 44 | 2 | — | *coupé* | — | *coupés.* |
| 52 | 21 | — | petite porte | — | petite rue. |
| 69 | 24 | — | *par* les têtes qu'il inspire *dans* les voies cachées | — | *dans* les têtes qu'il inspire *par* des voies cachées. |
| 74 | 18 | — | Lanusse | — | Lanusse. |
| 100 | 28 | — | 1665 | — | 1685. |
| 115 | 31 | — | Lacrouts | — | Lascrouts. |
| 35 | 10 | — | perdus | — | trouvés en 1900 par M. Deloye archiviste des B.-P. chez M. Dassé, notaire à Salies. |

# TABLE DES MATIÈRES